四川师范大学学术著作出版基金资助项目

西部地区大型公共体育场馆
运营管理绩效评价研究

王翔宇 / 著

四川大学出版社

图书在版编目（CIP）数据

西部地区大型公共体育场馆运营管理绩效评价研究 / 王翔宇著． — 成都：四川大学出版社，2023.9
（博士文库）
ISBN 978-7-5690-6306-6

Ⅰ．①西… Ⅱ．①王… Ⅲ．①体育场－经营管理－经济绩效－研究－中国②体育馆－经营管理－经济绩效－研究－中国 Ⅳ．①G818

中国国家版本馆 CIP 数据核字（2023）第 154180 号

书　　名：	西部地区大型公共体育场馆运营管理绩效评价研究
	Xibu Diqu Daxing Gonggong Tiyu Changguan Yunying Guanli Jixiao Pingjia Yanjiu
著　　者：	王翔宇
丛 书 名：	博士文库

丛书策划：张宏辉　欧风偃
选题策划：宋彦博
责任编辑：宋彦博
责任校对：曹雪敏
装帧设计：墨创文化
责任印制：王　炜

出版发行：四川大学出版社有限责任公司
　　　　　地址：成都市一环路南一段 24 号（610065）
　　　　　电话：（028）85408311（发行部）、85400276（总编室）
　　　　　电子邮箱：scupress@vip.163.com
　　　　　网址：https://press.scu.edu.cn
印前制作：四川胜翔数码印务设计有限公司
印刷装订：四川五洲彩印有限责任公司

成品尺寸：170 mm×240 mm
印　　张：10.5
字　　数：177 千字
版　　次：2023 年 11 月 第 1 版
印　　次：2023 年 11 月 第 1 次印刷
定　　价：50.00 元

本社图书如有印装质量问题，请联系发行部调换

版权所有　◆　侵权必究

扫码获取数字资源

四川大学出版社
微信公众号

前　言

　　大型公共体育场馆是建设"体育强国"与"健康中国"的重要物质基础，在落实全民健身国家战略、提升竞技体育综合实力、促进体育产业高质量发展、持续推动体育文化繁荣等方面肩负着重要责任与使命，是新时代我国西部地区实现体育事业、体育产业高质量发展进程中的关键环节。党的十八大以来，随着经济社会持续发展，西部地区各省（自治区、直辖市）陆续建设了一批包括大型公共体育场馆在内的体育基础设施，在一定程度上缓解了我国西部地区长时间存在的人民群众体育需求快速增长与公共体育资源供给不足的矛盾。但在后期运营管理方面，西部地区大型公共体育场馆仍较为普遍地面临着服务水平不高、利用情况不好、配套设施不全、持续动力不足以及体制机制不适应等运营绩效不佳的问题，它们已然成为制约我国西部地区体育事业、体育产业高质量发展的"短板"与"弱项"。绩效评价在现代大型公共体育场馆运营管理过程中具有重要作用，是场馆利益相关者对其运营成效进行监管的重要方式，是促进场馆提升运营效率与服务水平的重要手段，也是检验场馆协同治理效果的重要举措。

　　因此，努力盘活西部地区大型公共体育场馆设施，优化场馆资源配置，实现运营管理绩效提升，成为当前西部地区大型公共体育场馆运营管理亟须进一步研究和解决的关键问题。为解决上述问题，《西部地区大型公共体育场馆运营管理绩效评价研究》采用严谨的研究方法，结合国内外相关学术研究成果，对西部地区大型公共体育场馆的运营管理绩效进行了深入剖析。通过综合运用德尔菲法、探索性因子分析、验证性因子分析等方法，建立了一个科学、合理、有效的绩效评价指标体系，为评估西部地区大型公共体育场馆的经济绩效、社会绩效和创新绩效提供了有力工具。此外，通过构建绩效影响因素模型，发现外部环境、内部控制、战略柔性和冗余资源四个因素对场馆的运营管理绩效产生了显著正向影响，并在此基础上提出了一系列具有针对性的运营管理绩效提升策略。

  本书的出版得到四川师范大学学术著作出版基金资助。高扬教授、王晓昀博士、杨铃春博士等都对本书的撰写工作提供了大量帮助，在此深表感谢！

  最后，真诚期待读者朋友对本书提出意见和建议，以帮助笔者进一步提升研究水平，为我国西部地区体育场馆运营管理绩效提档升级贡献绵薄之力。

王翔宇

2023 年 11 月

目 录

第一章 绪 论 …………………………………………………………（ 1 ）
  一、研究背景与意义 ……………………………………………（ 1 ）
  二、研究对象与方法 ……………………………………………（ 7 ）

第二章 文献综述与理论基础 ………………………………………（ 11 ）
  一、核心概念释义 ………………………………………………（ 11 ）
  二、文献综述 ……………………………………………………（ 19 ）
  三、理论基础 ……………………………………………………（ 37 ）

第三章 西部地区大型公共体育场馆运营管理绩效评价与影响因素指标
       体系构建 ……………………………………………………（ 53 ）
  一、基本原则 ……………………………………………………（ 53 ）
  二、绩效评价指标体系构建 ……………………………………（ 54 ）
  三、绩效影响因素指标体系构建 ………………………………（ 60 ）
  四、绩效评价与影响因素指标体系优化 ………………………（ 70 ）

第四章 西部地区大型公共体育场馆运营管理绩效评价与假设检验 …（ 91 ）
  一、基本信息与描述性统计 ……………………………………（ 91 ）
  二、结构测量模型的构建与修正 ………………………………（ 99 ）
  三、西部地区大型公共体育场馆运营管理绩效评价实证研究 ……（118）

四、西部地区大型公共体育场馆运营管理绩效影响因素假设检验 ………………………………………………………………（126）

第五章 西部地区大型公共体育场馆运营管理绩效提升对策 …………（131）
  一、重视外部环境影响，形成协调合作动力机制 …………（131）
  二、加强内部控制建设，优化组织运营管理体系 …………（132）
  三、提升战略柔性动能，增强应对变革挑战能力 …………（134）
  四、科学配置冗余资源，提高场馆资源利用效率 …………（135）
  五、加速场馆智慧赋能，推动场馆数字转型升级 …………（136）
  六、完善内容产业建设，补齐配套设施突出短板 …………（138）

第六章 结论与展望 ……………………………………………………（140）
  一、研究结论 ……………………………………………………（140）
  二、研究局限与展望 ……………………………………………（141）

参考文献 ………………………………………………………………（143）

第一章　绪　论

一、研究背景与意义

（一）研究背景

2020年5月，中共中央、国务院印发了《关于新时代推进西部大开发形成新格局的指导意见》，要求构建大保护、大开放、高质量发展的新时代西部大开发新格局，提出坚持以人民为中心，强化公共文化体育服务，鼓励发展含少数民族传统体育在内的群众体育，加强公共体育场馆建设，推进相关场馆免费或低收费开放。[①] 大型公共体育场馆作为我国实现"体育强国"与"健康中国"战略目标，满足人民群众日益增长的体育需求的载体，是城市文化共生与延续的重要体现，发挥着完善城市功能、推动全民健身、服务和改善民生的重要作用[②]，是新时代我国西部地区实现体育事业、体育产业高质量发展必不可少的基础设施。

自党的十八大开始，中国特色社会主义进入新时代。随着经济社会持续发展，西部地区各省（自治区、直辖市）陆续建设了一批包括大型公共体育场馆在内的体育基础设施，在一定程度上缓解了我国西部地区人民群众体育需求快

[①] 中共中央，国务院. 中共中央 国务院关于新时代推进西部大开发形成新格局的指导意见[EB/OL]. (2020-05-17)[2023-06-30]. https://www.gov.cn/zhengce/2020-05/17/content_5512456.htm.

[②] 体育总局，国家发展改革委，公安部，等. 关于加强大型体育场馆运营管理改革创新 提高公共服务水平的意见[EB/OL]. (2013-10-28)[2023-05-15]. https://www.sport.org.cn/search/system/gfxwj/tyjj/2018/1115/193609.html.

速增长与公共体育资源供给不足的矛盾。但在后期运营管理方面，西部地区大型公共体育场馆较为普遍地面临着服务水平不高、利用情况不好、配套设施不全、持续动力不足以及体制机制不适应等运营绩效不佳的问题，这些问题已然成为制约我国西部地区体育事业、体育产业高质量发展的"短板"与"弱项"。因此，努力盘活西部地区大型公共体育场馆设施，优化场馆资源配置，实现运营管理绩效提升，成为当前西部地区大型公共体育场馆运营管理亟须进一步研究和解决的关键问题。

1. "体育强国"与"健康中国"建设的时代使命

2013年10月，体育总局、国家发展改革委等8部门联合印发《关于加强大型体育场馆运营管理改革创新 提高公共服务水平的意见》，针对我国大型公共体育场馆运营管理改革创新、公共服务水平提质增效提出了要求。2015年1月，体育总局印发《体育场馆运营管理办法》①，指出大型公共体育场馆应在坚持公益属性与保障公共体育服务等事业任务的前提下，参照市场化运营原则与标准，开展经营服务，发展体育及相关产业，提高综合利用水平，实现社会效益与经济效益的统一。2019年9月，国务院办公厅印发了《体育强国建设纲要》②。同年8月至9月，国务院办公厅相继印发了《关于加快发展流通促进商业消费的意见》③ 与《关于促进全民健身和体育消费推动体育产业高质量发展的意见》④。上述文件的密集出台，均强调了我国大型公共体育场馆需在新时代背景下深化运营管理改革，加快产业转型升级，标志着我国大型公共体育场馆运营管理改革工作进入了重要发展期和重大变革期。大型公共体育场馆运营管理的改革成效，将直接作用于我国"体育强国"与"健康中国"战略的

---

① 体育总局. 体育场馆运营管理办法[EB/OL]. (2015-01-15)[2023-05-20]. https://www.sport.gov.cn/n315/n331/n403/n1957/c784228/content.html.
② 国务院办公厅. 体育强国建设纲要[EB/OL]. (2019-09-02)[2023-04-15]. https://www.gov.cn/zhengce/content/2019-09/02/content_5426485.htm.
③ 国务院办公厅. 国务院办公厅关于加快发展流通促进商业消费的意见[EB/OL]. (2019-08-27)[2023-04-15]. https://www.gov.cn/zhengce/content/2019-08/27/content_5424989.htm.
④ 国务院办公厅. 关于促进全民健身和体育消费推动体育产业高质量发展的意见[EB/OL]. (2019-09-04)[2023-03-15]. https://www.sport.org.cn/search/system/xgwj/2020/0221/310881.html.

实施。因此，如何提高我国大型公共体育场馆运营管理水平，充分发挥体育场馆的体育服务本体功能，更好地满足人民群众开展体育健身活动的需求，促进体育产业和体育事业协调发展，成为现阶段我国"体育强国"与"健康中国"建设亟须研究和解决的重要议题。

2. 我国西部地区大型公共体育场馆运营管理提质增效的现实需求

体育总局等8部门联合印发的《关于加强大型体育场馆运营管理改革创新提高公共服务水平的意见》明确要求大型公共体育场馆创新体制机制、优化运营模式、提高运营能力。这也是大型公共体育场馆运营管理改革的核心内容。其中，以改善民生为目的，强化公共服务能力，拓宽服务领域，增强运营能力，加强运营管理绩效评价，切实提高体育场馆运营管理绩效水平，从而实现大型公共体育场馆多方位、多领域、深层次的建设与开发，是我国大型公共体育场馆运营管理提质增效的核心目标。

近年来，党和国家高度重视公共体育设施建设工作，把扩大体育服务有效供给作为满足群众体育健身需求的物质基础和必要条件，相继出台了一系列关于推动大型公共体育场馆运营管理改革，加强建设体育场馆、增加要素供给，促进大型公共体育场馆消费升级与商业改革的文件。"十三五"以来，我国各级政府纷纷加大了对公共体育设施建设的投入，城乡公共体育设施得到明显改善。体育总局发布的《2019年全国体育场地统计调查数据》显示，截至2019年12月31日，全国共有体育场地354.44万个，总面积29.17亿平方米，人均体育场地面积达到2.08平方米。[①] 与此同时，全国经常参加体育锻炼人口达到4亿人，积极、健康、文明的生活方式正在逐步形成。[②] "十三五"以来，我国公共体育设施建设虽然成绩喜人，但国家发展改革委、体育总局两部门《关于印发"十三五"公共体育普及工程实施方案的通知》[③]指出，目前我国

[①] 体育总局. 2019年全国体育场地统计调查数据[EB/OL]. (2020-11-02)[2023-01-30]. https://www.sport.gov.cn/n315/n329/c968164/content.html.

[②] 国家统计局. 中华人民共和国2019年国民经济和社会发展统计公报[R/OL]. (2020-02-28)[2023-04-20]. http://www.stats.gov.cn/sj/zxfb/202302/t20230203_1900640.html.

[③] 国家发展改革委，体育总局. 关于印发"十三五"公共体育普及工程实施方案的通知[EB/OL]. (2019-09-29)[2023-04-21] https://www.gov.cn/zhengce/zhengceku/2019-09-29/content_5434892.htm.

公共体育设施仍然不能满足人民群众快速增长的体育健身需求，主要表现在总量不足与结构欠合理两个方面。具体体现为人均体育场地面积仍然不足，城乡之间、区域之间设施数量与质量存在较大差异，中西部的一些农村地区、贫困地区仍然普遍缺少体育设施，现有体育场馆设施利用率低下等。2015年1月，体育总局印发的《体育场馆运营管理办法》第十五、十七条分别指出，体育场馆运营单位应当结合运营需要，完善运行管理体系，健全管理制度，建立激励约束和绩效考核机制，应当制定服务规范，明确服务标准和流程，配备专职服务人员，提供专业化、标准化、规范化服务，应当开展顾客服务满意度评价，及时改进和提高服务水平。由此可见，开展大型公共体育场馆运营管理绩效评价工作已经成为完善公共体育设施评价体系、形成科学合理体育治理体系的政策要求。同时，囿于我国东西部经济发展的不均衡，我国大型公共体育场馆的发展在各地区存在着明显差异，东部地区的运营效益明显高于西部地区。因此，立足于我国西部实情，对西部地区大型公共体育场馆运营管理绩效评价进行研究，构建和导入先进、合理、科学的评价体系与评估理念，是促进我国西部地区大型公共体育场馆运营管理提质增效的现实需求。

3. 推动西部地区大型公共体育场馆科学规范运营管理的有效路径

国家统计局发布数据显示，截至2019年底，全国共有体育场地354.44万个，相较于2013年第六次全国体育场地普查[①]，增加146.74万个，增长率达到86.6%。体育场地及设施的大力建设，使我国体育场地及设施供需矛盾得到明显缓解，公共体育普及水平得到显著提升，有效推动了体育事业与体育产业发展。但是，一些长期制约西部地区大型公共体育场馆发展的薄弱环节和突出问题依然存在：场地功能较为单一、体育器材较为缺乏、场馆利用效率普遍偏低、运营效能欠佳、服务能力不强、持续发展动力不足等。作为现代绩效管理中的核心部分，科学、公平、高效的绩效评价能够充分调动工作人员的积极性，能够为组织目标的实现提供重要保障以及为工作人员的个人发展提供充足动力。2015年1月与2016年5月，体育总局先后印发《体育场馆运营管理办

---

① 体育总局. 第六次全国体育场地普查数据公报[R/OL]. (2014－12－26)[2023－04－18]. https://www.sport.gov.cn/n4/n210/n218/c328625/content.html.

法》与《体育发展"十三五"规划》①，强调积极推进体育场馆体制改革和运营机制创新，建立健全体育场馆开放评估体系和绩效考核机制。由此可见，针对大型公共体育场馆运营管理进行绩效评价已经成为政策目标。但是，囿于我国大型公共体育场馆运营管理绩效评价基础较为薄弱，开展时间较短，目前该项工作整体仍处于探索阶段。现有的大型公共体育场馆评价体系在评价原则、评价方法、评价指标选择、评价规则等方面存在着不同程度的不匹配、不适用等问题。同时，我国东西部大型公共体育场馆运营管理存在诸多差异，运营效益也不尽相同，呈现出明显的"东强西弱"局面。在此背景下，为提升我国西部地区大型公共体育场馆运营管理绩效水平，构建一套符合西部地区实际的绩效评价体系至关重要，其对激发西部地区大型公共体育场馆活力，提高综合服务能力，充分挖掘和利用场馆资源，增强复合经营能力，拓展服务领域，实现运营管理提质增效有着重要作用。

4. 推动我国大型公共体育场馆高质量发展的重要环节

2021年3月7日，习近平总书记在参加十三届全国人大四次会议青海代表团审议时强调，"高质量发展不只是一个经济要求，而是对经济社会发展方方面面的总要求；不是只对经济发达地区的要求，而是所有地区发展都必须贯彻的要求"。法国经济学家弗朗索瓦·佩鲁（Francois Perroux）在描述区域经济增长趋势时指出："不同区域所表现出的经济增长不尽相同，区域经济发展强度不同会影响整体经济发展趋势的变化，并呈现出差异化、非均化等多种发展结果，最终会对整体经济体系的发展产生影响。"伟大革命导师卡尔·马克思（Karl Marx）在论证"整体"与"部分"的辩证统一关系时，同样强调了关键部分能够对整体功能起决定作用。

对于我国大型公共体育场馆整体发展而言，东、中、西部发展情况差异较大，西部地区大型公共体育场馆发展滞后是影响我国大型公共体育场馆整体高质量发展的关键部分。从发展现状来看，2019年的调查数据显示，我国东、中部地区体育场馆数量分别为170.10万个与93.38万个，西部地区为90.96

---

① 体育总局. 体育发展"十三五"规划[EB/OL]. (2016－05－05)[2023－05－18]. https://www.sport.gov.cn/n10503/c722960/content.html.

万个；体育场馆用地面积，东部地区为140016万平方米，中部地区为87460万平方米，西部地区为64224万平方米；人均体育场馆面积，东、中部地区分别为2.60平方米与2.34平方米，西部地区仅为1.82平方米。西部地区在体育场馆数量、体育场馆用地面积与人均体育场馆面积方面均与东、中部地区存在一定差距。从运营能力来看，财政部、体育总局于2019年印发的《大型体育场馆免费低收费开放补助资金管理办法》显示，中央财政对东、中、西部地区分别按照20%、50%、80%的标准安排补贴资金。① 这从侧面反映出西部地区大型公共体育场馆整体运营水平较低，存在着市场化运作水平不高、资源配置能力不强、自身盈利能力较弱等问题，是当前我国大型公共体育场馆高质量发展实践的短板之一。与此同时，西部地区大型公共体育场馆相对特殊的历史发展进程与复杂的区域发展现状，决定了其不可能直接照搬发达地区大型公共体育场馆成熟的运营管理模式，而必须根据自身实际，因地制宜，扬长避短，探索出一条适合自身发展的高质量运营管理道路。

综上所述，西部地区大型公共体育场馆的高质量发展，是关乎我国大型公共体育场馆整体高质量发展，乃至我国体育事业与体育产业高质量发展的重要环节。这要求西部地区大型公共体育场馆运营管理者必须汲取既往实践中的经验教训，从新时代推进西部大开发的新格局、新视角出发，融入西部特色，找出高质高效运营的发展对策，形成发展新动能，以推动西部地区大型公共体育场馆高质量发展。

（二）研究意义

1. 理论意义

首先，该研究论证了新时代"体育强国"与"健康中国"建设背景下我国西部地区实施大型公共体育场馆运营管理绩效评价的必然性。具体来说，该研究从微观经济学视角出发，引入委托代理理论、利益相关者理论、公共产品理论与新公共服务理论，通过分析西部地区大型公共体育场馆采用委托代理模式

---

① 体育总局.大型体育场馆免费低收费开放补助资金管理办法[EB/OL].(2017-01-12)[2023-04-20]. https://www.sport.gov.cn/n315/n331/n403/n1957/c785274/content.html.

的学理问题、公共产品的供给问题、利益相关者的组成问题、公共服务的主体问题，论证其绩效评价的必然性。

其次，立足于我国西部地区的实际，秉承"发展以人民为中心的体育"核心思想，坚持"科学、公平、系统、实用"的设计理念，设计了包含经济绩效、社会绩效与创新绩效三个维度的西部地区大型公共体育场馆运营管理绩效评价体系。该研究探寻出外部环境、内部控制、战略柔性与冗余资源四个影响西部地区大型公共体育场馆运营管理绩效的主要前因变量，并分析了运营管理绩效评价体系与前因变量的关系。基于此，从理论层面构建了西部地区大型公共体育场馆运营管理绩效评价理论分析框架，丰富与拓展了西部地区大型公共体育场馆运营管理绩效评价理论体系。

2. 应用意义

首先，通过对西部地区各省（自治区、直辖市）大型公共体育场馆运营管理绩效水平进行评价，能够准确把握其运营管理现状，为后续运营机制改革创新提供现实依据。

其次，该研究构建了西部地区大型公共体育场馆运营管理绩效评价与影响因素模型，有助于政府相关职能部门与体育场馆运营组织更加科学、系统地理解大型公共体育场馆运营管理绩效的科学本质与内涵，从而在工具上为开展绩效评价工作提供创新支撑与保障。

再次，该研究揭示了影响西部地区大型公共体育场馆运营管理绩效的主要因素与作用机理，并提出运营绩效提升对策，可为政府相关职能部门与体育场馆运营组织提供决策参考，进而达到不断提升其运营管理绩效水平的目的。

最后，该研究通过实证分析，实现全过程、大区域绩效评价，也为分析我国其他地区大型公共体育场馆运营管理现状提供了参考。

二、研究对象与方法

（一）研究对象

本研究以西部地区大型公共体育场馆运营管理绩效为研究对象，选取西部地区 12 个省（自治区、直辖市）辖区内 295 个大型公共体育场馆运营管理数据为研究样本，通过构建科学合理的绩效评价指标体系和测量模型，对西部地区大型公共体育场馆运营管理绩效进行了评价，挖掘出了西部地区大型公共体育场馆运营管理绩效的影响因素，并提出了相应的提升对策。

（二）研究方法

本研究秉持文献研究与理论研究相结合、规范研究与实证研究相结合、定性研究与定量研究相结合的研究范式，遵循从"理论"到"实证"再到"对策"的应用性研究过程。具体的研究方法如下：

1. 文献资料法

本研究注重文献研究与理论研究并进。通过中国学术期刊全文数据库、中国优秀博士学位论文全文数据库、国家体育总局网站、国家数字图书馆网站、国家统计局网站等渠道对国内大型公共体育场馆运营管理、绩效评价相关文献资料进行检索、采集与筛选；外文文献则通过 Web of Science（WoS）、Google 学术、PQDT 等数据库进行挖掘与采集。在认真总结、仔细梳理、系统整合国内外大型公共体育场馆运营管理的现状、模式、问题以及绩效评价相关研究的基础上，借鉴了公共体育服务绩效评价相关研究、公共服务设施运营绩效评价相关研究、公共体育场馆绩效评价相关研究等方面的成果，为西部地区大型公共体育场馆运营管理绩效评价及其影响因素初始指标体系构建以及提出研究假设提供了较为有力的理论与文献支持。

2. 德尔菲法

由于本研究涉及学界与业界不同层面，故通过走访、研讨、函询等方式，对我国 17 位从事大型公共体育场馆运营管理相关研究、公共体育服务绩效评价相关研究、大型公共体育场馆绩效评价相关研究的专家学者以及大型公共体育场馆运营管理专业技术人员进行独立调查咨询，目的在于广泛征询专家学者与业界人士对本研究的意见。访谈方式采用开放式问题访谈与半结构化访谈两种形式，访谈内容以西部地区大型公共体育场馆运营管理绩效评价及其影响因素为中心,主要包括场馆运营现状及存在的问题、影响运营管理的主要因素、绩效评价指标的选择、绩效评价指标体系的构建、绩效评价研究方法等,旨在为本研究提供丰富的理论与实证支撑。

此外,在整合文献研究成果与专家咨询意见的基础上,对西部地区大型公共体育场馆运营管理绩效评价与影响因素指标体系进行了初步设计,并通过现场发放、电子邮件、社交软件等渠道向17位多年从事相关领域工作的专业技术人员和专家学者发放了三轮咨询问卷,并在对回收问卷进行分析后,将其结果应用于测量量表的修订。

3. 问卷调查法

基于对国内外相关文献资料的研究,结合专家咨询意见,采用定性与定量题目交互测量的设计形式,设计出《西部地区大型公共体育场馆运营管理绩效调研问卷》,并对问卷的信效度进行了检验。问卷内容主要包括运营管理绩效评价与影响因素两大部分。其中,运营管理绩效评价部分主要涵盖西部地区大型公共体育场馆运营管理中的经济绩效、社会绩效、创新绩效3个维度,影响因素部分主要包含外部环境、内部控制、战略柔性与冗余资源4个方面。调查问卷发放主要分为两个阶段:第一阶段,前测问卷调查,采用均匀抽样方式,共向四川省、重庆市、陕西省的37个地级行政区内的大型公共体育场馆运营单位发放150份前测问卷(回收有效问卷115份),所采集数据主要用于开展信效度检验,以便根据检验结果进一步修正和调整正式调查问卷;第二阶段,正式问卷调查,共向我国西部地区12个省(自治区、直辖市)的大型公共体育场馆运营单位发放正式问卷450份(回收有效问卷295份),为后续研究提供了实证数据支撑。

4. 数理统计法

本研究的数理分析采用定量分析与定性分析相结合的方式,以SPSS 26.0、AMOS 24.0为主要数理分析软件,对实地调研、专家访谈及问卷调查所获得数据进行整理、统计与分析。首先,针对初始调查问卷中的研究对象进行描述性统计分析。其次,对西部地区大型公共体育场馆运营管理绩效评价结构要素量表与运营管理绩效影响因素量表开展信效度检验和探索性因子分析（EFA）。最后，选用 AMOS 24.0 开展验证性因子分析（CFA）与结构方程模型（SEM）分析。上述工作旨在对所构建的绩效评价与影响因素结构测量模型进行配适度检验和研究假设检验，从而获得西部地区大型公共体育场馆运营管理绩效评价结果以及明确各绩效评价指标与影响因素之间的路径关系。

（三）技术路线

本研究所采用技术路线如图 1-1 所示。

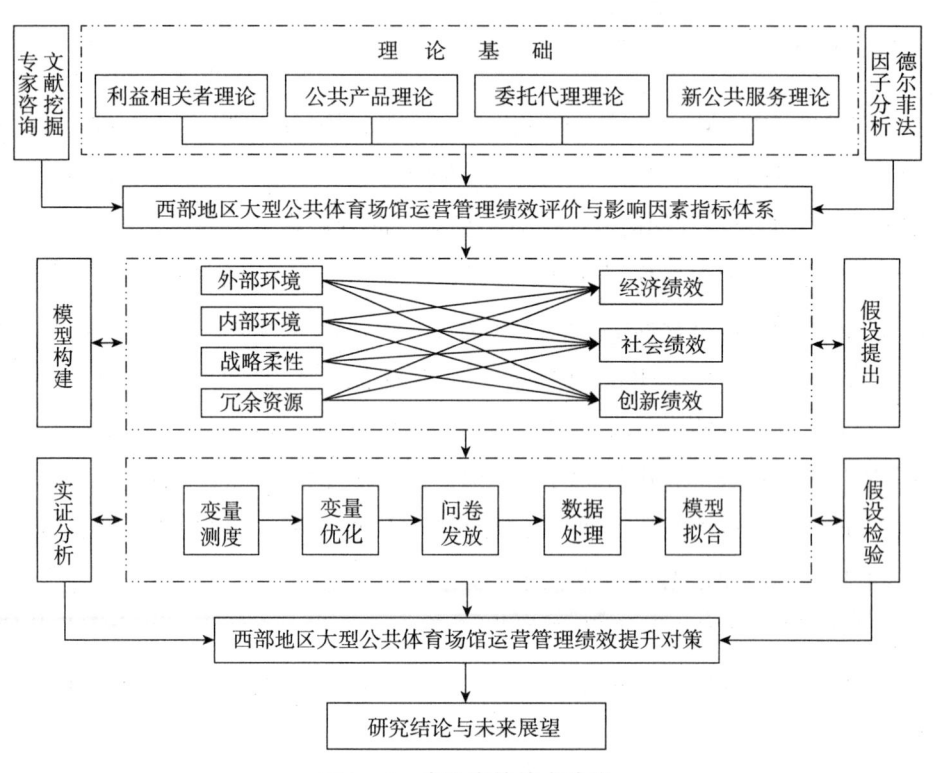

图 1-1 本研究的技术路线

第二章　文献综述与理论基础

一、核心概念释义

（一）西部地区

按照我国经济地理分区，西部地区包括重庆、云南、贵州、四川、甘肃、西藏、陕西、新疆、宁夏、青海、广西与内蒙古等12个省（自治区、直辖市），总面积为678.1万平方公里，占国土总面积的70.6%。国家统计局2021年公布的《第七次全国人口普查公报》显示，我国西部地区总人口为3.829亿，占全国总人口比例为27.12%。为科学反映我国西部地区大型公共体育场馆运营管理绩效水平，本研究根据我国最新地理区域划分开展调查研究，即把西部地区进一步划分为西南地区（重庆、四川、云南、贵州、西藏）、西北地区（陕西、甘肃、青海、新疆、宁夏）十个省（自治区、直辖市）与内蒙古、广西两个自治区。

（二）大型公共体育场（馆）

"大型体育场"又称"综合体育场"，是指场内基本配置包括标准跑道、田径场、标准足球场、适量的观众座席以及附属配套用房，用于开展群众体育锻炼与承办不同等级规模体育赛事的活动场地。根据《公共体育场馆建设标准》，按照人口规模与赛事需求将大型体育场分为特级、甲级、乙级、丙级4等，建筑面积应超过4000m^2；根据所设观众座席数划分为30000～40000座（特级），

20000~30000 座（甲级），10000~20000 座（乙级），5000~10000（丙级）4 等。

"大型体育馆"也称"综合体育馆"，是指具备多功能属性，配置了附属配套用房，能够开展篮球、排球、羽毛球、乒乓球等体育运动项目锻炼或竞赛，同时能够承担文艺汇演、大型集会等文艺活动的室内体育活动场馆。根据《公共体育场馆建设标准》，按照人口规模与赛事需求将大型体育馆分为特级、甲级、乙级、丙级 4 等，建筑面积应超过 3000m^2；根据所设观众座席数划分为 10000~12000 座（特级），6000~10000 座（甲级），3000~6000 座（乙级），2000~3000 座（丙级）4 等。

公共体育场馆，是指通过政府财政拨款或政府通过其他途径筹集资金兴建的，以满足体育竞赛表演、全民健身活动开展以及运动队专业训练等需求的社会公有体育场（馆）及其附属配套设施。[①]

根据上述定义，并参考《体育建筑设计规范》（JGJ 31—2003）、《体育场所等级的划分》（GB/T 18266）、《体育场所开放条件与技术要求》（GB 19079）和《体育场馆等级划分及评定》（DB11/T 411）等一系列标准，本研究将大型公共体育场馆适用范围确定为：由政府或集体投资兴建，以政府体育职能部门为主管单位，属事业单位性质，观众座席数在 5000 座（含）以上，建筑面积≥4000m^2 的大型公共体育场，以及观众座席数在 2000 座（含）以上，建筑面积≥3000m^2 的大型公共体育馆，并符合体育总局印发的《公共体育场馆建设标准》中大型体育场馆（丙级）以上标准，且不是专门用于专业队训练的大型公共体育场（馆）。

（三）运营管理

运营管理最早可以追溯到英国工业革命时期的"工厂系统"。亚当·斯密在其所著《国富论》中率先阐述了"劳动分工"原则，被视为运营管理的起源。美国学者史蒂文森（William J. Stevenson）在其撰写的《运营管理》一书

---

① 李明. 我国公共体育场馆的资产性质及其改革［J］. 天津体育学院学报，2003，18（2）：56-58.

中将运营管理定义为："运营管理是一个由组织、计划、控制、协调、实施构成的活动过程，目的在于将已投入的资源通过一系列的管理手段转化为输出的服务与产品。"[①] 我国学者肖淑红认为，运营管理是对组织投入资源的管理，其目的是以更有效和更快捷的方式提供产品与服务，并实现资源效益最大化。[②] 运营管理也可以被看作是一个实现价值增值的过程，有效的运营管理需要准确把握"人、财、物、技"四个要素，并将这些要素整合在运营管理的系统之中来创造价值，如图2-1所示。

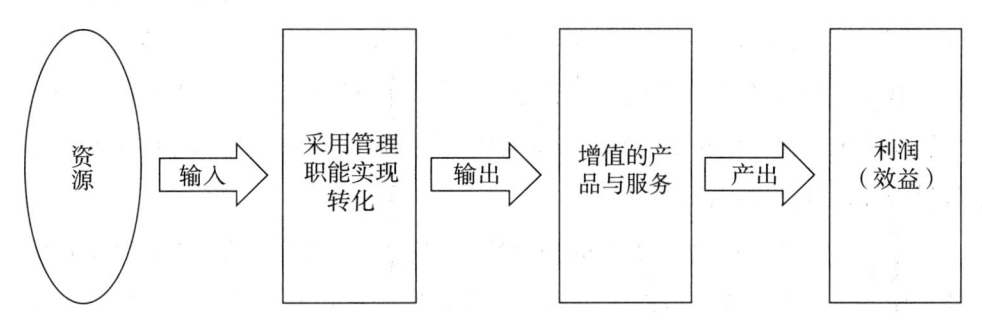

资源 →输入→ 采用管理职能实现转化 →输出→ 增值的产品与服务 →产出→ 利润（效益）

图 2-1　运营管理过程

王建民在其所著《生产运作管理》[③] 中将运营管理目标定义为："在需要的时候，以合适的价格，向用户提供具有适当质量的产品与服务。"可见，运营管理作为一门应用性很强的科学，关注组织系统内计划、生产、供给、服务等各个方面。一些研究者发现，许多生产领域的工具、技巧与方法应用于服务业之中同样可以取得很好的效果，这为开展大型公共体育场馆运营管理研究奠定了基础。

（四）绩效、评价与绩效评价

1. 绩效

"绩效"是一个舶来词，英文单词为"Performance"，最早来自美国。

---

① 史蒂文森 W J. 运营管理 [M]. 张群，张杰，马风才，译. 北京：机械工业出版社，2019：10.
② 肖淑红. 体育服务运营管理 [M]. 北京：首都经济贸易大学出版社，2015：6.
③ 王建民. 生产运作管理 [M]. 北京：北京大学出版社，1990：12.

"Performance"一词在英文中具有多种含义,如"演出""业绩""执行""绩效""性能"等。由于"绩效"一词含义的复杂性,学界对其定义尚未形成共识。目前国内外学者关于"绩效"的定义,比较有代表性的可以归纳为"结果论""行为论""综合论""胜任力论"四种类型。

(1) 结果论。伯纳丁和贝蒂(Bernardin & Beatty, 1984)在二人合著的《绩效评估:评估工作中的人类行为》一书中将绩效定义为工作的结果,提出工作的结果与组织的战略目标、所投入的资源以及消费者满意度关系最为密切。[①]凯恩(Kane, 1996)认为:"绩效是一个人留下的东西,这种东西与目的相对独立存在。"以结果论为逻辑起点对绩效进行定义,不仅大量存在于组织管理之中,在当今政治经济社会活动中也屡见不鲜,因此以工作结果作为绩效评价标准具有较强说服力。[②]

(2) 行为论。行为论的兴起时间较晚。由于现代组织结构复杂,就负责群体工作中一个部分或环节的员工而言,很难准确评价其工作的具体成果。因此,单纯以工作结果作为绩效评价标准有失公允,于是行为论观点得到了关注,即以工作行为作为判定此类员工绩效的标尺。行为论的代表性成果有:坎贝尔(Campbell, 1990)认为,绩效是一种行为,需要与工作结果相区分,原因是工作结果会受到系统的影响[③];詹森和墨菲(Jensen & Murphy, 1990)认为,"绩效是与一个人在其中工作的组织或单元的目标有关的一组行为"[④]。

(3) 综合论。综合论是一种同时考虑工作结果与工作行为的全方位的绩效评价观点。此种绩效评价观点相较结果论与行为论而言更为烦琐,因此存在造成绩效评价成本上升的风险。例如,理查德·威廉斯(Richard Williams, 2002)认为,员工的绩效从广义上来看主要包括工作产出与行为两个部分。我

[①] BERNARDIN H J, BEATTY R W. Performance appraisal: assessing human behavior at work [M]. Boston: Kent, 1984.

[②] 哈佛商学院出版公司. 绩效管理:员工效能的测评与提高 [M]. 赵恒,杨勇,译. 北京:商务印书馆,2008:26-27.

[③] CAMPBELL J P. Modeling the performance prediction problem in industrial and organizational psychology [M]. CA: Consulting Psychologists Press, 1990.

[④] CROMPTON J. Beyond economic impact: an alternative rationale for the public subsidy of major league sports facilities [J]. Journal of Sport Management, 2004 (18): 40-58.

国学者方振邦（2005）在《战略性绩效管理》中指出，绩效是对工作行为、工作表现、工作结果进行评价。① 他从组织与员工两个层面对绩效进行了定义，指出：绩效对于组织来说是工作任务在量、效、质等方面完成情况的集合；对于员工来说，绩效则是同事（含上司）对自身完成工作情况与状态的评价。

（4）胜任力论。"胜任力"（Competency）即优秀员工所拥有的特征与品质，由美国心理学者大卫·麦克利兰（David C. McClelland）于1973年提出，其目的在于将工作中的"卓越者"与"普遍者"分开，通过多方面、深层次的测量（计数）可靠地找出优秀绩效者与一般绩效者的个体特征。罗宾斯与贾奇（Robbins & Judge，2012）认为，现代组织日益重视将胜任力作为评价员工绩效的标准。② 我国学者葛玉辉与陈悦明（2008）在合著的《绩效管理实务》一书中提出：绩效是员工以一定的胜任力为基础，以企业（或组织）的目标为指导，通过一系列工作行为达到预期结果。③

2. 评价

评价（Evaluation）一词最早见于宋代王栐所著《燕翼诒谋录》，通常是指对人、事、物进行判断、分析后得出结论。④ 在管理学中，评价则被定义为从特定目的出发，遵照一定的标准和程序，对正在从事的工作或已经完成的工作进行测评，从中找到能够反映工作质量、成果或水平的数据与材料，以此对工作的质量、成果或水平做出科学合理的判断。⑤ 关于评价的概念与内涵，学者们展开过许多研究。乔治和琼斯（George & Jones，1999）认为，评价主要具有两个方面的意义与作用：一是通过评价可以改善工作流程，有效提高劳动生产率，同时对员工技能与工作经验的提升有着明显作用；二是通过评价可以直观反映出员工的岗位能力，有利于企业岗位工作的合理分配，并为科学支付

---

① 方振邦. 战略性绩效管理 [M]. 5版. 北京：中国人民大学出版社，2018：10.
② ROBBINS S P, JUDGE T A. Essentials of organizational behavior [M]. Boston, MA: Pearson, 2012.
③ 葛玉辉，陈悦明. 绩效管理实务 [M]. 北京：清华大学出版社，2008：35.
④ 吴枫. 简明中国古籍辞典 [M]. 长春：吉林文史出版社，1987：938.
⑤ 德斯勒. 人力资源管理 [M]. 吴雯芳，刘昕，译. 9版. 北京：中国人民大学出版社，2005：331.

员工劳动报酬提供依据。① 麦克纳和比奇（McKenna & Beech，1997）将评价分为动态评价与静态评价两类，其中动态评价的重点在于对被评价客体自身发展潜力和工作进步能力进行评价。② 采用动态评价旨在提高评价客体对组织目标的重视程度，使个人目标与组织目标相匹配，最终实现组织效益与个人效益的有机统一。静态评价则侧重于对评价客体工作的考评，通过客观记录的方式，将组织内员工业绩与组织目标和岗位职责进行对照，以此来对员工业绩进行分析判断，并根据分析判断结果对组织内员工进行奖励或惩罚。

3. 绩效评价

（1）概念释义与目的。

绩效评价（Performance Appraisal）又称绩效考核或绩效评估，是指从一系列可度量的维度对个人工作行为或工作结果进行确认的过程，度量结果可使管理者与员工知晓工作绩效的状态，从而达到改进工作绩效的目的。③ 绩效评价始于1918年，当时美国通用汽车公司（GM）率先尝试对员工的工作表现进行标准化评价，之后绩效评价逐渐成为人力资源管理之中不可或缺的一环，但当时的绩效评价通常只考察物质结果。1950年后，学界与业界才逐步意识到绩效评价也可以作为一种员工的激励工具进行使用，进而将其逐步发展成今天众人耳熟能详的形式。

目前，绩效评价已经成为组织管理中最为核心的活动之一，进行绩效评价主要有以下目的：①确定员工劳动报酬，激发其工作积极性；②为员工提供关键绩效的信息反馈，帮助员工清晰认识自身工作状态；③明确员工培训的方向；④为资源配置提供决策依据。亨特（Hunter，1984）在著名心理学杂志《心理学公报》（*Psychological Bulletin*）上刊发论文指出，员工之间的个人绩效差异会随着工作复杂度的增加而增大（表2-1）。

---

① GEORGE J M, JONES G R. Understanding and managing organizational behavior [M]. California：Addison-Wesley Publishing Company，1996.

② MCKENNA E, BEECH N. Human resource management [M]. NJ：Prentice Hall，1997.

③ 蔡永红，林崇德. 绩效评估研究的现状及其反思 [J]. 北京师范大学学报：人文社会科学版，2001（4）：119-126.

表 2-1　不同工作中高绩效员工与平均绩效员工的绩效差异

工作类别	绩效差异
保险销售人员	97.0%
非保险类销售人员	42.0%
专业技术人员	46.0%
事务性管理人员	28.0%
办事员	17.0%
技术工人	25.0%
蓝领工人	15.0%

（资料来源：张一驰. 人力资源管理［M］. 北京：北京大学出版社，1999.）

(2) 绩效评价的分类。

绩效评价作为系统工程，所涵盖内容十分丰富。根据评价内容、评价层级、评价指标、评价主体与评价时点的不同，可将绩效评价分为多种类型（见表 2-2）。

表 2-2　绩效评价的分类

分类标准	类别Ⅰ	类别Ⅱ
评价内容	单项评价：对某一特定征象进行评价	综合评价：对综合或复杂征象进行评价
评价层级	整体评价：针对评价客体整体情况进行评价	部门评价：针对组织中某一部门情况进行评价
评价指标	财务评价：针对收益能力、运营能力、发展潜力与偿债能力进行评价	非财务评价：针对评价客体非财务性指标（涵盖外部利益相关者）进行评价
评价主体	外部评价：外部评价主体针对评价客体进行评价	内部评价：组织内评价主体对评价客体进行评价
评价时点	定期评价：按固定周期和时间跨度进行评价	不定期评价：不定期地针对专门事项进行评价

(3) 绩效评价的功能。

绩效评价作为组织运营管理中一项关键的活动，对组织和组织内员工个人都具有非常重要的意义，其功能主要可以归纳为以下几个方面：

①通过绩效评价，可以分解组织目标，细化不同岗位员工具体工作目标与评价指标，并将其作为工作成效考核的重要依据；可以使员工对组织目标、工作任务以及未来方向有更清晰的认识，同时能够促使组织内员工将压力转化为动力；可以使组织内不同岗位员工之间分工明确，相互配合，促进组织目标的实现。

②在管理学领域，绩效评价本身可以被视为一个"戴明环（PDCA）"循环过程[①]，其具体反映为"计划（Plan）——绩效目标设定""执行（Do）——具体操作实施""检查（Check）——绩效结果反馈""处理（Action）——绩效改进方案与再制定目标"等几个环节。通过此过程，可以有效帮助组织和个人发现工作中存在的问题，并以此作为依据进行剖析与改进。

③绩效评价可以促进组织内不同层级间的交流。在绩效评价的整个过程中，从绩效目标设定到评价过程实施与绩效结果反馈，都需要评价主体与评价客体的积极参与，评价主体需要不断与评价客体进行交流沟通，以此来获取评价客体的认可与支持。

④科学合理的绩效评价可以充分调动员工工作积极性。绩效评价结果通常与员工薪资挂钩，科学合理的绩效评价能够有效增强组织内薪酬分配的公平性。同时，通过对绩效评价结果进行分析，可以发现组织与个人存在的问题，并针对问题提出绩效提升方案，促进组织和个人成长。

（五）大型公共体育场馆运营管理绩效评价

大型公共体育场馆是公共服务设施的一种。随着我国大型公共体育场馆"事转企"的稳步推行，国内大型公共体育场馆的管理模式将逐渐向事业单位企业化经营的模式转变。[②]伴随着经营模式的转变，大型公共体育场馆被赋予了"经营性"与"公益性"双重属性，因此要求其在保障体育事业健康发展的同时，也要兼顾自身运营的经济效益。

---

① 姜爱华，杨琼. 政府购买公共服务"全过程"绩效评价探究［J］. 中央财经大学学报，2020（3）：3-9，43.

② 陈元欣，王健. 大型体育场（馆）运营管理企业化改革研究［J］. 体育科学，2015，35（10）：17-24.

因此，结合上述相关概念的内涵，本研究将"大型公共体育场馆运营管理绩效评价"界定为：对大型公共体育场馆运营过程中的组织、计划、控制、协调、实施等一系列经营管理活动与满足群众体育需求的供给有效性的测量与评价。同时，本研究将以"综合论"作为主要绩效观点，针对西部地区大型公共体育场馆运营管理中的经济绩效、社会绩效、创新绩效开展综合评价。

二、文献综述

（一）国外相关研究评述

1. 公共体育场馆设施运营管理

第二次世界大战之后，全球经济快速复苏，西方主要发达经济体将举办大型国际性体育赛事作为推动城市现代化改造，促进国民经济复苏、社会文化发展的重要战略，纷纷投入到申办大型国际性体育赛事的热潮之中。自1972年慕尼黑奥运会以来（1984年洛杉矶奥运会除外），各届奥运会主办国均投入了大量资金建设比赛场馆。这些场馆在建设规模、样式设计、内部装潢上都求新求异，耗资不菲。但部分场馆由于在建设之前没有做好充分的赛后运营规划与论证，导致其存在规模过大、功能单一、建设标超、后期改造困难等问题，从而使场馆赛后运营管理的难度加大，处于长期闲置亏损状态，造成公共资源的浪费。2008年北京奥运会之后，各国学者开始思考如何解决大型体育赛事赛后"遗产"的利用问题。2010年开始，"奥运遗产管理"相关研究日渐活跃。格伦·瑟尔（Glen Searle，2010）指出，2000年悉尼奥运会两个主要赛事场馆的建设采用的是公私合作的形式。[①] 具体做法是，1995年澳大利亚奥组委计划投资3.07亿澳元兴建一座可容纳8万人的体育场，其中政府拨款1.85亿澳元，为将国家投资的成本与风险降到最低，便邀请社会资本参与竞标，并将场

---

① SEARLE G. Uncertain legacy: Sydney's Olympic stadiums [J]. European Planning Studies, 2010 (2): 845−859.

馆经营权出租到2031年。拉乌尔和勒费布尔（Roult & Lefebvre，2010）通过对1976年蒙特利尔奥运会遗产进行研究，指出蒙特利尔奥运会实际花费12亿美元，是原计划的3倍，造成了会后蒙特利尔的经济崩溃。他们提到，奥运会对于主办城市来说是极其昂贵和复杂的项目，同时奥运会举办场地改造的难题频出，特别是作为奥运会重要基础设施的奥林匹克公园的建设与管理需要巨额的资金，但后期的使用率相当低。究其原因是政府没有充分考虑当地实际的期望和需要，固执地建设宏伟的体育场馆设施，使蒙特利尔成为奥运会后遗产管理失败的典型案例。[①] 卡布拉尔和席尔瓦（Cabral & Silva，2013）认为，在公私合营模式（PPP）如火如荼的背景下，政府公共投资仍然是大型体育赛事设施建设最为必要的资金来源。为了权衡运营风险与收益，他们基于实物期权理论构建了一个评估私人企业家在公私合营环境中投资所需的激励规模模型。结果表明，在大型公共体育场附近的辅助投资对于降低运营风险至关重要，并且当需要在短时间内建造多个大型公共体育场时，中央政府的协调可能会减少风险管理所需的资金，从而提升大型公共体育场馆运营管理效益[②]。Kiuri与Teller（2015）指出，大型赛事体育设施遗产具有文化价值与文化意义，应将这些遗产视为特殊的历史遗产，将现有的奥林匹克体育场馆的集合视为一张世界遗产网来评价与保护，充分发挥其文物价值，以此可以提升运营效益。[③] 韦恩·威尔逊（Wayne Wilson，2015）认为，1984年洛杉矶奥运会提供了一种新的赞助模式，洛杉矶奥组委（LAOOC）只新建了三个体育场馆，其余的都依托现有场馆，并鼓励更多地依靠电视转播取得收入，最终创造了2.325亿美元的盈余。会后，主办方利用这笔盈余建立了基金会，在未来的30年里为南加州地区新建和改善了100个体育场馆，每年可以为50万年轻人提

[①] ROULT R, LEFEBVRE S. Planning and reconversion of Olympic heritages: The Montreal Olympic stadium [J]. The International Journal of the History of Sport, 2010（27）: 2731-2747.

[②] CABRAL S, SILVA A F. An approach for evaluating the risk management role of governments in public - private partnerships for mega-event stadiums [J]. European Sport Management Quarterly, 2013, 13（4）: 472-490.

[③] KIURI M, TELLER J. Olympic stadiums and cultural heritage: on the nature and status of heritage values in large sport facilities [J]. The International Journal of the History of Sport, 2015, 32（5）: 684-704.

供服务。研究指出，实现盈余的主要原因是洛杉矶奥组委控制了成本，而控制成本的关键因素在于限制场馆方面的支出[①]。Gao（2019）认为，随着信息技术的飞速发展，智能运动场馆的研究取得了长足进步，针对大型公共体育场馆创新能力较弱、整体利用效率不高的问题，可以通过引入物联网智能管理系统，即"物联网+体育场馆"的形式，以实现物联网体育场馆的商业化、信息化并构建起体育场馆智能管理模式，以此改善大型公共体育场馆整体运营效益。[②]

从上述国外学者的相关研究成果可以看出，大型公共体育场馆的赛后运营管理问题在世界范围内都是一个难题，主要原因可以归纳为两点：一是在大型体育场馆建设前期没有对赛后的运营与利用进行充分论证与规划，导致后期运营与改造困难；二是盲目地扩大建设规模（表2-3），场馆建设力求富丽奢华，导致运营管理成本过高，利用率不足。国外相关研究成果可以为我国大型公共体育场馆前期建设与后期运营管理提供有益的借鉴。

表2-3 悉尼、雅典、伦敦奥运会部分场馆观众座席数与国际奥委会标准的对比

类型	座席数			
	国际奥委会标准	伦敦奥运会	雅典奥运会	悉尼奥运会
田径	60000座	80000座	75000座	115600座
游泳	12000座	17500座	11000座	17500座
篮球	12000座	12000座	18000座	20000座
自行车	5000座	6000座	5000座	6000座
曲棍球	8000座	15000座	15000座	15000座
柔道	6000座	10000座	8000座	9000座
摔跤	6000座	10000座	93000座	9000座
体操	12000座	20000座	6000座	6000座

---

① WILSON W. Sports infrastructure, legacy and the paradox of the 1984 Olympic Games [J]. The International Journal of the History of Sport, 2015, 32 (1)：144-156.

② GAO X A. Ecological research on application of intelligent management system based on internet of things in university feather stadium in Gansu province [J]. EKOLOJI, 2019, 28 (107)：4819-4825.

续表2-3

类型	座席数			
	国际奥委会标准	伦敦奥运会	雅典奥运会	悉尼奥运会
乒乓球	5000座	6000座	6000座	5000座
跆拳道	5000座	6000座	8000座	5000座

资料来源：国际奥委会公告。

2. 公共体育场馆设施运营绩效评价

公共体育场馆设施作为国家提供公共体育服务的物质载体，是保障国家体育事业健康可持续发展的重要基础与必备条件。随着经济社会的快速发展，西方各发达经济体投入大量资金进行公共体育场馆设施建设。与此同时，公共体育场馆设施产生的社会效益与经济效益是否能够达到预期目标，日渐受到政府、社会、个人等各方的重视与关注。因此，针对公共体育场馆设施运营管理进行科学合理的绩效评价已然成为西方公共体育管理实践研究领域的热点问题。

英国是西方行政改革的先驱者，创造一个"评估性国家"曾是其改革目标。在英国行政改革实践中，"绩效评价"观念深入人心且被广泛应用于英国各公共服务领域。[1] 公共体育场馆设施运营绩效评价作为英国政府公共体育服务绩效评价的重要内容，是维持英国公共体育服务体系健康可持续发展的核心要素。[2] 1988年，英国地方政府为改善当地低下的公共体育场馆设施运营管理与服务供给能力，将CCT（强制性竞标）模式引入公共体育场馆设施运营管理之中，认为只有通过竞争的方式才能筛选出最佳的公共体育场馆设施管理者并提升公共体育场馆设施的服务水平与供给效率。[3] 20世纪90年代中期以来，

---

[1] 郭俊华. 英国政府综合绩效评估的经验及其启示 [J]. 当代财经，2007 (9)：113-117.

[2] 袁新锋，张瑞林，王飞. 公共体育设施绩效评估的英国经验与中国镜鉴 [J]. 北京体育大学学报，2019，42 (4)：33-41.

[3] 汪一鸣，汤际澜，楚英兰. 英国地方公共体育设施管理发展现状及启示 [J]. 西安体育学院报，2012，29 (4)：450-452，485.

英国每年用于兴建公共体育场馆设施的费用接近全国体育总投资的 40%，但由于缺乏适用的绩效评价体系，这一大批新建的公共体育场馆设施的绩效得不到及时评估。针对此问题，1997 年 9 月，英格兰体育理事会（Sport England）在以结果为导向的理念指导下，采用"标杆管理"设计了公共体育场馆设施绩效评价体系，由此著名的英国国家公共体育场馆设施绩效评价系统——"National Benchmarking Service（NBS）"雏形初现。[1] NBS 绩效评价系统经过 20 余年的不断完善和发展，现已成为英国公共体育场馆设施绩效评价最重要的评估系统。该绩效评价系统共设计了可获得性（access）、财务（finance）、利用率（utilizations）3 个一级指标以及 36 个二级指标来对公共体育场馆设施的运营管理绩效进行测量。2000 年，英国国家体育标准协会（British National Sports Standards Association，BNSSA）为了对国家公共体育场馆设施的运营管理绩效水平进行测量，从设施准入（access）、财务状况（financial）、设施使用率（facility utilization）、主观评价（customer ratings）四个维度构建了公共体育场馆设施运营管理绩效评价模型。为了保证绩效评价结果的科学性与准确性，BNSSA 将数据来源限定在三个方面：用户问卷调查、国家人口统计资料、被试公共体育场馆设施财务报表。[2] 2003 年，鲁滨逊和彼得（Robinson & Peter）从市民进入率（entry rate）、设施利用率（utilization）、财务绩效（financial performance）三个维度，构建了英国地方政府体育馆与游泳馆服务绩效评估模型。[3] 2007 年，英国中央政府联合审计委员会制定了"最佳价值绩效评价指标体系（BVPIs）"，用于包括公共体育场馆设施在内的公共服务绩效评价，来持续改善公共服务的效率与效益。BVPIs 包括经营状况（corporate health）、健康与社会关怀－儿童（health and social care－children）、健康与社会关怀－成人（health and social care－adults）、环境废弃物与清洁（environmental waste and cleaning）、交通状况（transport）、

---

[1] LIU Y D, TAYLOR P, SHIBLI S. The operational efficiency of English public sport facilities [J]. Managing Leisure, 2007, 12 (4): 251-272.

[2] TAYLOR P, GODFREY A. Performance measurement in English local authority sports facilities [J]. Public Performance & Management Review, 2003, 26 (3): 251-262.

[3] ROBINSON L, TAYLOR P. The performance of local authority sports halls and swimming pools in England [J]. Managing Leisure, 2003 (8): 1-16.

规划（planning）、文化及相关服务（culture and related services）等维度。[①] 2009年，Liu Y D通过DEA（数据包络分析）模型，建立了一个公共服务设施的绩效评估模型，并利用此模型对2005—2007年英格兰的三个公共体育场馆设施服务中心进行了实证研究，认为休闲性、包容性以及简便性是公共体育场馆设施运营绩效评价最为重要的指标。[②] 2010年，托尔（Toor）等指出，大型公共体育工程设施运营绩效评价除传统的绩效指标外，还应考虑绩效安全、资源利用效率、利益相关者以及规避争端冲突等主观定性分析指标。[③] 2018年，英国公共服务卓越协会（APSE）通过与英国250余个地方政府合作，构建了包括体育和休闲设施管理在内的16个公共服务绩效评价体系。其中，体育和休闲设施管理绩效评价体系包含基准服务（the benchmarking services）与设施管理（facility management）两类指标。基准服务指标包括：服务成本、生产率、员工缺席率、消费者满意度、人力资源与人员管理、质量保证与社区咨询等。设施管理指标包括：每次访问/开放时间的补贴、总使用量、消费者支出、消费者来源分析等。[④]

纵观国外已有研究成果（表2—4），关于公共体育场馆设施运营管理绩效评价的研究整体还处于初级阶段，主要体现在：研究缺乏系统性，构建的绩效评价指标体系的科学性与适用性还有待查验，关于如何进行多属性关联的绩效评价指标量化研究严重不足，以及对影响公共体育场馆设施绩效的相关因素研究仍有留白之处。因此，关于公共体育场馆设施运营绩效评价，还需学者不断地深入研究、探索与创新。

[①] MANCHESTER CITY COUNCIL. Best value performance indicators result and targets[EB/OL].（n. d.）. https://www. manchester. gov. uk/download/downloads/id/7395/best _ value _ performance _ indicators _ 20078. pdf.

[②] LIU Y D. Implementing and evaluating performance measurement initiative in public leisure facilities: an action research project [J]. Systemic Practice and Action Research, 2009, 22（1）: 15-30.

[③] TOOR, et al. Beyond the 'iron triangle': stakeholder perception of key performance indicators (KPI) for large-scale public sector development projects [J]. International Journal of Project Management, 2010, 28（3）: 228-236.

[④] APSE. Sports and leisure facility management[EB/OL].（n. d.）. https://www. apse. org. uk/apse/index. cfm/performance－networks/information－hub/spring－into－membership－with－our－welcome－and－learning－package/sports－and－leisure－facility－management.

表 2-4　国外公共体育场馆设施运营绩效评价体系（部分）

序号	名称	年份	评价维度（一级指标）
1	NBS 绩效评价系统	1997	①可获得性；②财务；③利用率
2	公共体育场馆设施运营管理绩效评价模型	2000	①设施准入；②财务状况；③设施使用率；④主观评价
3	英国地方政府体育馆与游泳馆服务绩效评估模型	2003	①市民进入率；②设施利用率；③财务绩效
4	BVPIs 绩效评价体系	2007	①经营状况；②健康与社会关怀－儿童；③健康与社会关怀－成人；④环境废弃物与清洁；⑤交通状况；⑥规划；⑦文化及相关服务
5	公共服务设施的绩效评估模型	2009	①休闲性；②包容性；③简便性
6	体育和休闲设施管理绩效评价体系	2018	①基准服务指标；②设施管理指标

（二）国内相关研究评述

1. 大型公共体育场馆运营管理

大型公共体育场馆作为我国建设"体育强国"与满足人民群众日益增长的体育需求的重要物质载体，发挥着完善城市功能，提供基本公共体育服务的主体功能，是新时代我国体育事业与体育产业发展进程中必不可少的一环。改革开放四十余年来，我国综合国力不断增强，各类国际大型体育赛事相继落户我国主要中心城市。由此，国内一些城市掀起了建设大型体育场馆的热潮，以适应竞赛表演业与健身娱乐业快速发展的新需求。但是目前大型公共体育场馆建设投资大、运营成本高、赛后利用不足等问题仍然存在。为解决好上述问题，我国学者从不同视角对大型公共体育场馆运营管理进行了研究，归纳起来，主要集中于以下三个方面。

（1）大型公共体育场馆运营管理现状与问题。

曾庆贺等（2008）认为，我国因主办国际大型体育赛事而兴建的一大批综合性大型体育场馆设施的赛后利用问题，是大型体育场馆运营管理需要关注的焦点问题。其在对我国161个大中型体育场馆进行调研后指出，这类场馆整体存在经营效益偏低、造血能力不足，工作人员结构来源多元但整体素质不高，场馆经营观念、对外开放率有所改善与提升但营销观念滞后等问题。[1] 于敬凤、陈元欣（2008）以武汉市大型公共体育场馆作为研究对象，讨论了场馆设施运营现状与存在的问题。研究指出，我国大型体育场馆后期运营不理想，存在着重复建设严重、设施资源堆积浪费、社会公益属性凸显不足、本质功能异化、运营绩效评价标准不明晰等问题。研究认为，通过合理规划布局、明确经营管理功能与定位、建立完善综合绩效评价体系、发挥政府主体作用以及聘用专业管理人才能够改善大型体育场馆运营现状。[2] 缪建奇、胡震宇（2008）从"城市经营"角度入手，讨论了我国大型体育场馆赛后利用不足的成因，指出对外开放不足、设施利用率不高、开发经营手段落后和缺乏专业管理人才是我国不少大型体育场馆的运营现状，而造成这种现象的原因在于"盲目上马，缺乏规划""追求政绩，忽略实际""选址过远，影响利用""只建不管，缺乏评价"等。[3] 巴玉峰（2010）在对我国大型公共体育场馆运营管理现状进行分析后指出，我国大型公共体育场馆以满足竞技体育训练与承办大型赛事为主要职能，忽视赛后运营设计是造成我国大型体育场馆后期运营困难的重要因素，同时还存在着经营方式单一、资金来源渠道单一、运营管理水平偏低、外开放时间不足等问题。[4] 陈元欣、王健（2010）通过文献研究与问卷调查对我国大型体育场馆赛后运营状况与制约因素进行了研究。结果表明，场馆资源闲置浪费、经营范围狭小、运营成本过高、冗员严重、与城市生活脱节是我国大型体育场馆赛后运营中存在的主要问题，其制约因素主要在于投资建设规模过大、设计与运营脱节、传统管理机制不合理、缺乏专业管理人才、选址郊区化以及后期运营政策不完善等。研究认为，做好前期设计规划、建立市场化投融资机

---

[1] 曾庆贺，陈元欣，王健. 大型赛事场馆赛后利用现状及制约因素分析［J］. 西安体育学院学报，2008（3）：16-19.

[2] 于敬凤，陈元欣. 大型赛事体育场馆设施运营过程中存在的问题及发展策略研究［J］. 南京体育学院学报：社会科学版，2008（4）：78-81.

[3] 缪建奇，胡震宇. 我国体育场馆赛后利用现状及对策——兼析北京奥运会场馆赛后利用方案［J］. 体育文化导刊，2008（8）：13-16，23.

[4] 巴玉峰. 我国大型国有体育场馆经营管理现状分析［J］. 中国经贸导刊，2010（10）：72.

制、实施多元化经营和专业化运营、重视台下空间与附属设施利用以及重视无形资产开发可以有效提升我国大型体育场馆赛后运营效益。[①] 王子朴、梁金辉（2012）对国家体育场赛后 4 年的运营状况与问题进行研究后得出，"旅游效应递减，门票收入降低""还贷压力大，运营成本高""场馆体量大，入场门槛高""无形资产开发受限"是国家体育场运营管理的主要压力来源，同时指出打造奥林匹克功能区战略联盟、建立智能化仿真管理系统、寻求政策支持以及打造核心竞争力可以有效提升国家体育场运营效益。[②] 王菁（2012）指出，大型公共体育场馆兼具公益性与产业性，对其运营现状与制约因素进行研究可以有效提升运营效益。其以广州市公共体育场馆作为研究样本，指出公共体育场馆数量不足、分布不均，经营项目总量偏少、供给不均衡，工作人员冗余、缺乏专业性以及经营方式单一等是广州市公共体育场馆运营管理普遍现状，而通过制定合理的税收政策、整合场馆资源改变分权管理模式、建立符合服务业标准的评价体系以及转变管理理念能够有效提升公共体育场馆运营管理效益。[③] 陈元欣等（2012）对"后奥运时期"我国大型体育场馆运营现状进行调查后发现，我国大型体育场馆以差额拨款事业单位为主，经营状况有一定改善，部分新建场馆前期规划开始结合后期运营进行设计，服务外包现象普遍且服务质量大幅提升，但选址不合理、资源闲置率高，大部分场馆建设仍以举办赛事为主而未考虑后期运营，冗员严重、管理体制改革滞后，市场营销方式落后以及税费过多过重仍是制约我国大型体育场馆运营管理的主要因素。[④] 陈元欣、姬庆（2015）对我国 32 家大型公共体育场馆运营内容进行调查后发现，目前我国大型公共体育场馆运营存在以下问题：功能设计更为多元化，但空间设计仍存在不合理之处；管理体制改革稳步推进，但市场主体地位仍未确立；体育竞赛表

---

① 陈元欣，王健. 我国大型体育场馆赛后运营现状、制约因素与对策［J］. 上海体育学院学报，2010，34（5）：17-21，63.
② 王子朴，梁金辉."鸟巢"赛后 4 年运营研究：现状、问题、路径［J］. 天津体育学院学报，2012，27（6）：467-472.
③ 王菁. 广州市公共体育场馆的经营管理现状及发展对策研究［J］. 广州体育学院学报，2012，32（4）：54-58.
④ 陈元欣，王健，张洪武. 后奥运时期大型体育场馆运营现状、问题及其发展研究［J］. 北京体育大学学报，2012，35（8）：26-30，35.

演市场发育不成熟且场馆经营内容缺乏；政府垄断优质赛事资源的现象较为普遍，制约场馆运营内容发展；政府主导型赛事往往背离市场需求，体育竞赛表演有赛无市。① 许月云、陈霞明（2017）以福建省泉州市大型公共体育场馆作为研究对象，讨论了我国区域体育场馆运营现状与发展对策。研究认为，建设投资大、运营管理模式单一等问题是目前大型公共体育场馆面临的主要问题，并指出深化运营机制改革、引入 BOT 模式或 PPP 模式是提升大型公共体育场馆运营绩效水平的主要对策。② 滕苗苗、陈元欣等（2018）采用文献研究、动态对比与逻辑分析的方法研究了我国城市体育服务综合体发展的现状、困境与对策。研究发现，体育竞赛表演市场培育不充分导致体育服务综合体运营实质性内容匮乏，前期缺乏规划设计导致后期改造与运营难度加大，政府主导的投资模式不利于社会力量参与，专业运营管理人才缺乏导致运营管理水平低下，是我国城市体育服务综合体运营管理面临的主要困境。针对上述困境，应树立城市体育服务综合体发展标杆，多渠道引入运营内容以增加场馆人气，结合城市发展整体规划明确体育服务综合体功能定位，采用"PPP+订单"模式，从而有效提升运营管理绩效。③ 金银哲等（2019）研究新时代我国体育场馆运营困境与发展路径后提到，市场化改革进程缓慢、场馆资源闲置浪费现象严重、服务水平不高、自我经营创收能力不足，是我国体育场馆运营管理面临的主要困境，而行政干预错位、前期缺乏合理规划、资源配套布局不合理、专业管理人才缺乏是造成上述困境的主要原因，应通过弱化政府行政干预、建立评价与激励机制、注重前期规划设计、优化人才结构等方式来提升运营效益。④ 兰燕、陈刚（2020）认为，我国以大型体育场馆为导向而建立的体育服务综合体正面临着国家政策助力、体育消费升级、体育产业发展环境优良等机遇，但也

---

① 陈元欣，姬庆. 大型体育场馆运营内容产业发展现状、问题及对策［J］. 首都体育学院学报，2015，27（6）：483—487，511.

② 许月云，陈霞明. 区域体育场馆运营现状与发展对策研究——以侨乡泉州为例［J］. 山东体育学院学报，2017，33（2）：46—51.

③ 滕苗苗，陈元欣，何于苗，等. 我国城市体育服务综合体的发展：进程·困境·对策［J］. 首都体育学院学报，2018，30（2）：113—116.

④ 金银哲，李柏，夏晚莹. 新时代体育场馆困境及发展路径研究［J］. 沈阳体育学院学报，2019，38（6）：55—61.

存在着运营能力不足、运营内容单一、服务质量偏低、产业链延展不够等现实困境，建议采用培育精品赛事和常规赛事、与其他相关产业融合发展等对策来提升运营管理绩效。①

（2）大型公共体育场馆运营管理模式。

林琳等（2008）将国内大型公共体育场馆的运营管理模式分为了委托经营模式、承包经营模式、租赁经营模式以及非企业化经营模式等四类。②张宏（2009）对我国体育场馆经营管理模式的现状进行了分析，认为我国体育场馆常见的管理模式可以分为全额预算模式、差额预算模式、承包与租赁模式、现代企业模式四类。③王则兴、杨广辉（2009）按照我国大中型体育场馆的性质将其分为国有事业经营型与国有民营型两类，并将国有事业经营型的运营模式分为了全额预算管理、差额预算管理与自收自支管理三种，而将国有民营型的运营模式分为承包经营责任制与租赁制两种。④谭建湘、周良君（2009）将当前国内体育场馆的运营模式分为了传统事业型、事业单位企业型、事企双轨型、委托经营型以及企业型五类。⑤陈元欣、王健（2013）在对我国不同运营模式下体育场馆的税收筹划进行研究时，将体育场馆的运营模式划分为了自主运营模式（包含事业单位与企业自主运营两类）、承包经营模式、租赁经营模式、委托经营模式等类型。⑥雷厉等（2013）通过比较和归纳经济发达国家的体育场馆管理模式，并结合我国大型体育场馆"事转企"的实践，将我国体育场馆的运营模式分为事业单位管理模式、国有企业管理模式（含"事转企"模

---

① 兰燕，陈刚. 我国体育服务综合体困境与发展对策 [J]. 体育文化导刊，2020（3）：92—98，110.

② 林琳，许红峰，邱冠寰. 厦门市公共体育场馆管理运营现状与对策研究 [J]. 首都体育学院学报，2008，20（5）：53—56，60.

③ 张宏. 我国体育场馆经营管理模式的现状及发展趋势 [J]. 西安体育学院学报，2009，26（4）：413—415，460.

④ 王则兴，杨广辉. 构建我国大中型公共体育场馆管理运营模式的研究 [J]. 商场现代化，2009（10）：41—42.

⑤ 谭建湘，周良君. 我国公共体育场馆企业化改革的基本特征与制度设想 [Z]. 国家体育总局政策法规司，2009.

⑥ 陈元欣，王建. 体育场馆不同运营模式的税收筹划研究 [J]. 天津体育学院学报，2013，28（3）：208—212.

式与纯国企模式）以及民营企业管理模式三类。[①] 陈文倩（2016）在研究我国大型体育场馆体制改革时，将我国大型体育场馆的运营模式分为"事转企"模式、事业单位管办分离模式以及政府购买公共体育服务模式三类。[②] 许月云、陈霞明（2017）根据体育场馆在经营与管理权限分配、利润分配、资产结构等方面的不同，将大型体育场馆的运营模式分为自主运营、合作运营与委托运营三类。[③] 柴王军等（2019）基于法人治理视角研究了我国公共体育场馆治理对深化国家体育治理的核心作用，并根据现有研究实践将公共体育场馆治理模式分为决策权的上、中、下位型三种类别。[④] 董红刚、孙晋海（2020）采用调查法与突变级数法对我国大型公共体育场馆治理模式与风险评估进行了研究，提出目前我国大型公共体育场馆运营模式主要分为政府下属公司运营模式、委托专业公司运营模式与公私合营（PPP）模式三类。[⑤]

归纳起来，对国内大型体育场馆运营管理模式的代表性研究如表2-5所示。

表2-5　国内大型体育场馆运营管理模式研究概况

序号	研究者	年份	运营模式
1	林琳等	2008	①委托经营模式；②承包经营模式；③租赁经营模式；④事业经营模式
2	张宏	2009	①全额预算模式；②差额预算模式；③承包与租赁模式；④现代企业模式
3	王则兴等	2009	①国有事业经营型；②国有民营型
4	谭建湘等	2009	①传统事业型；②事业单位企业型；③事企双轨型；④委托经营型；⑤企业型

---

① 雷厉，肖淑红．付群，等．我国大型体育场馆运营管理：模式选择与路径安排［J］．北京体育大学学报，2013，36（10）：10-15．

② 陈文倩．我国大型公共体育场馆体制改革模式研究［J］．西安体育学院学报，2016，33（3）：295-298．

③ 许月云，陈霞明．区域体育场馆运营现状与发展对策研究——以侨乡泉州为例［J］．山东体育学院学报，2017，33（2）：46-51．

④ 柴王军，沈克印，李安娜．国家体育治理的空间逻辑：公共体育场馆法人治理类型、评价与路径［J］．武汉体育学院学报，2019，53（7）：43-50．

⑤ 董红刚，孙晋海．大型体育场馆治理模式风险评估［J］．体育与科学，2020，41（5）：106-113．

续表2-5

序号	研究者	年份	运营模式
5	陈元欣等	2013	①自主运营模式（包含事业单位与企业自主运营两类）；②承包经营模式；③租赁经营模式；④委托经营模式
6	雷厉等	2013	①事业单位管理模式；②国有企业管理模式（含"事转企"模式与纯国企模式）；③民营企业管理模式
7	陈文倩等	2016	①"事转企"模式；②事业单位管办分离模式；③政府购买公共体育服务模式
8	许月云等	2017	①自主运营模式；②合作运营模式；③委托运营模式
9	柴王军等	2019	①决策上位型模式；②决策中位型模式；③决策下位型模式
10	董红刚等	2020	①政府下属公司运营模式；②委托专业公司运营模式；③公私合营（PPP）模式

（3）大型公共体育场馆管理体制改革。

徐文强等（2007）研究指出，我国大型公共体育场馆传统管理体系存在着国有资产流失严重、政府行政干预较多、财政压力过大、运营成本过高、专业管理人员缺乏等问题，并指出通过公共体育场馆分类改革与建立"出资人"制度可以有效缓解我国大型公共体育场馆运营管理的现实困境。[①] 陈元欣等（2008）针对我国大型公共体育赛事场馆设施运营效益低下、供给效率严重不足的现状，提出了引入市场竞争机制进行民营化改革的建议，并提出了包括PPP经营模式、BOT经营模式、委托代理经营模式以及承包租赁经营模式等民营化改革路径。[②] 周良君、谭建湘（2009）基于我国大型体育场馆管理体制改革的背景，针对其面临的管理体制改革和与国际接轨双重挑战，提出了按照产权、管理权、经营权分离原则，建立场馆体制改革的总体框架，追求公共服务效益最大化，紧扣本业业务（体育场馆、体育赛事、健身休闲）提高经营管

---

① 徐文强，陈元欣，张洪武，等. 我国公共体育场馆经营现状及管理体制改革研究[J]. 成都体育学院学报，2007，33（3）：1-6.

② 陈元欣，张崇光，王健. 大型体育赛事场馆设施的民营化探析[J]. 上海体育学院学报，2008，33（1）：26-30.

理水平，争取优惠政策以及整合资源组建体育场馆管理集团，纳入国家体育产业基地等对策。[1] 刘杰（2011）认为，我国大型体育场馆管理体制改革应吸收民间资本参与，积极施行市场化运作，场馆设计需融入城市综合规划，充分考虑赛时与赛后利用，建立起大型体育场馆"出资人"制度，同时应细化保障体育场馆运营的各项优惠政策。[2] 张宏（2011）对我国公共体育场馆管理体制改革进行了细化研究，并将不同类型的公共体育场馆改制模式分为了初级（事业单位企业管理）、中级（事业单位转全资国企）、高级（产权多元化企业）三种类别。[3] 庄永达、陆亨伯（2012）在对公共体育场馆管理体制改革路径中的障碍进行分析后，提出我国公共体育场馆管理体制改革可以选择民营化发展模式，同时在民营化改革的进程中可采用营销学5C战略理论（核心战略、竞争战略、结果战略、顾客战略、控制战略）加以改善。[4] 陈文倩（2016）对我国大型体育场馆管理体制改革进行了展望，指出大型体育场馆管理体制改革仍将进行分类改革，其核心为产权制度改革，另外体育场馆集团化管理则是改革的重点方向。[5] 李安娜等（2019）认为，我国大型体育场馆管理体制改革应采取"公私混合"产权制度，吸纳社会资本参与，采用PPP供给模式，应减少政府对体育场馆运营管理的直接干预，同时出台相应的扶持政策。[6] 王继生等（2019）指出，新时代公共体育场馆改革应当以满足人民群众日益增长的健身需求为目标，强调创新驱动。在公共体育场馆运营管理模式上应当采用多元化管理，逐步由自主运营管理体制向公私合营、服务外包、承包租赁、委托代理

---

[1] 周良君，谭建湘. 深圳市大型公共体育场馆管理体制改革的现状与对策 [J]. 上海体育学院学报，2009，33（2）：17—20.

[2] 刘杰. 大型体育场馆市场化运营的体制性障碍研究 [J]. 武汉体育学院学报，2011，45（6）：39—44.

[3] 张宏. 我国公共体育场馆改制的模式、操作流程和关键点 [J]. 广州体育学院学报，2011，31（2）：10—14.

[4] 庄永达，陆亨伯. 我国公共体育场馆民营化路径的障碍与发展战略研究 [J]. 北京体育大学学报，2012，35（3）：27—31.

[5] 陈文倩. 我国大型公共体育场馆体制改革模式研究 [J]. 西安体育学院学报，2016，33（3）：295—298.

[6] 李安娜，闫思宇，张馨月. 我国大型体育场馆公共服务供给侧改革研究 [J]. 理论界，2019（2）：55—60.

等多元管理体制改革[①]。

2. 大型公共体育场馆绩效评价

近年来，国内学者针对我国大型公共体育场馆运营管理绩效低下的现实困境，基于不同视角，采用多种研究方法，构建了一系列评价维度、评价指标各异的大型公共体育场馆绩效评价体系。尽管这些绩效评价体系彼此相通，但目前仍未有一套体系得到业界与学界普遍认可。高雪莲（2006）将平衡记分卡（BSC）理论引入大型公共体育场馆运营管理绩效评价中，从顾客、财务、内部流程与学习成长四个维度，构建了有31个分项指标的大型公共体育场馆运营管理绩效评价体系。其中，顾客层面包含9个测量指标，体现了对顾客层面的重视。这是较早围绕我国经济社会快速发展，大型公共体育场馆运营效益低、公共体育服务供给不足而开展的针对性研究。[②] 王兆红、詹伟（2008）认为，北京奥运会过后，奥运场馆的运营管理是必须面临的问题，因此使用平衡记分卡并结合层次分析法（AHP）构建了奥运场馆运营管理绩效评价体系，同时指出奥运场馆运营管理的绩效评价权重由高到低依次为财务维度、客户维度、内部业务维度、学习与创新维度。这套指标体系较早采用了层次分析法对体育场馆运营管理评测指标进行了赋权。[③] 游战澜（2010）为促进我国大型公共体育场馆绩效目标的高质量实现，同样利用了BSC理论的四个维度，设计了包含14个评价指标的绩效管理指标体系。与高雪莲（2006）、王兆红（2008）等人所构建的评价体系相比，其创新点在于更加充分地考虑到绩效评估在激发场馆工作人员积极性方面的作用。[④] 冯振旗（2011）提到，体育场馆运营绩效水平的高低直接影响我国体育事业的发展，但我国大型公共体育场馆运营效益长期不佳，绩效管理混乱问题一直是制约我国大型公共体育场馆运营

[①] 王继生，丁传伟，孙泽. 新时代背景下体育场馆深化改革的目标及路径[J]. 体育文化导刊，2019（8）：72—77.

[②] 高雪莲. 平衡记分卡法在公共体育场馆战略管理和绩效评价中的应用[J]. 天津体育学院学报，2006（3）：225—228.

[③] 王兆红，詹伟. 奥运场馆绩效评估指标体系研究[J]. 统计与决策，2008（5）：80—82.

[④] 游战澜. 大型体育场馆绩效管理指标体系构建研究[J]. 武汉体育学院学报，2010，44（2）：37—41.

效益提升的瓶颈。其同样以 BSC 理论为基础，配合层次分析法构建了我国大型体育场馆运营绩效评价指标体系，并以河南省体育场作为研究样本对所构建评价指标体系进行了实证检验。冯振旗所构建的这套绩效评价指标体系将实证数据引入研究之中，相较于前人所构建评价体系在有效性方面有所提升。[①] 张红学（2011）仍然采用 BSC 理论结合层次分析法的研究范式，构建了我国大型体育场馆绩效评价指标体系，并对我国 10 个城市的大型体育场馆进行了实证研究，结果表明北京市与上海市的大型体育场馆运营绩效最佳，而成都市的运营绩效最差。该绩效评价指标体系相较于其他绩效评价指标体系更加注重顾客层面的评价（权重最高），但对员工创新学习层面关注度不够，可能会造成场馆工作人员积极性下降，从而影响整体运营效益。[②] 耿宝权（2012）将平衡记分卡中客户、财务、内部流程与学习创新四个维度的指标视为关键绩效指标（KPI），构建了由 14 个关键绩效指标组成的大型公共体育场馆运营绩效评价体系，并通过计算指出大型公共体育场馆的运营管理应依托企业进行管理，进行绩效评价时需考虑其具有公益性与经营性双重属性，应兼顾各方利益，才能做出客观公正评价。其创新在于将关键绩效指标引入研究中，更好地兼顾了场馆运营过程中外部效益与内部效益的有机结合，使评价指标体系的综合性、科学性、合理性有所提升。但是其仍旧以平衡记分卡作为理论基础，在理论创新上有所不足。[③] 张大超、李敏（2013）指出公共体育设施是 21 世纪城市公共设施的重要组成部分，其采用目的树分析法、德尔菲法与层次分析法，以规划布局与利用管理作为一级指标，配合 8 个二级指标、47 个三级指标，构建了我国公共体育设施发展水平评价指标体系。该研究将多种定性研究方法结合使用，有效提升了评价指标体系的综合性与科学性，但未进一步采用定性与定量

[①] 冯振旗. 基于平衡记分卡的体育场（馆）运营绩效评价研究 [J]. 中国体育科技，2011，47（3）：119-125.

[②] 张红学. 我国体育场馆经营绩效评估实证研究 [J]. 沈阳体育学院学报，2011，30（3）：30-34.

[③] 耿宝权. 基于平衡计分卡的大型体育场馆运营绩效评价研究 [J]. 北京体育大学学报，2012，35（12）：1-6.

结合的方式进行研究。① 王进等（2013）针对我国大型公共体育场馆暴露出的运营效益低下、布局结构不合理等问题，采用德尔菲法构建了包括8个一级指标、49个二级指标的大型公共体育场馆运营绩效综合评价指标体系，并以8所大型体育场馆作为样本数据对所构建评价指标体系进行了实证检验。该评价指标体系的创新之处在于将更多的定量指标与定性指标、约束性指标、导向性指标进行了结合，更加符合科学绩效评价的要求。其不足之处在于所构建的测量指标过多且没有考虑各测量指标之间的干扰与冗余，稍显繁杂。② 周薇薇（2014）以利益相关者理论为基础，从公共体育场馆的公益性出发，采用探索性因子分析法（EFA）设计了含7个一级指标、29个二级指标的公共体育场馆运营管理绩效评价指标体系。相比于其他学者，其创新点在于将软件建设作为一级指标纳入评价指标体系之中，使评价指标体系更具全面性。③ 杜朝辉（2015）研究指出，大型体育场馆的绩效评价是一个多元的利益产出体系，其采用层次分析法从经济效益、社会效益、环境效益三个维度构建了大型体育场馆运营绩效评价体系。该评价体系创新性地将环境绩效纳入评价指标体系之中，并通过场馆内环境与场馆外环境2个二级指标来评价环境绩效的高低，代表性更强，评价指标更加简洁。④ 吴立川、李安娜（2017）采用"投入－产出－结果"理论构建了大型公共体育场馆公共服务绩效评价指标体系。其创新点在于将国民体质达标率引入评价指标体系之中，用于测量场馆对附近居民体质健康的惠及程度。其不足之处在于所构建的评价指标体系中仅设计了客观测量指标，未纳入受众层面的主观性指标，可能会造成评价结果的失稳。⑤ 叶晓甦等（2019）基于"3E"（产出、效率、效果）模型，采用文献数据挖掘与关键绩效指标相结合的研究方法，构建了包含经济性、效率性、效果性、伙伴关

---

① 张大超，李敏. 我国公共体育设施发展水平评价指标体系研究 [J]. 体育科学，2013，33（4）：3－23.
② 王进，颜争鸣，潘世华，等. 大型体育场（馆）运营综合评价指标体系的研究及运用 [J]. 体育科学，2013，33（10）：35－44.
③ 周薇薇. 政府场馆运营管理绩效评价结构要素体系研究 [J]. 南方经济，2014（4）：99－108.
④ 杜朝辉. 大型体育场馆运营绩效评价体系研究 [J]. 成都体育学院学报，2015，41（5）：39－43.
⑤ 吴立川，李安娜. 我国体育场馆公共服务绩效评估指标体系的构建与实证研究 [J]. 吉林体育学院学报，2017，33（1）：34－38.

系价值4个一级指标、10个二级指标和44个三级指标的体育场馆运营绩效评价指标体系。其创新点在于将价值创造的理念与伙伴关系的思想融入体育场馆绩效评价指标体系之中，认为绩效评价是提升体育场馆运营绩效，实现体育公共价值创造的关键。其不足之处则在于仅做了理论层面的讨论，未进行实证研究，科学性与准确性还待进一步检验。[1] 林丹等（2020）通过对浙江省城镇公共体育设施进行调研发现，在建设投入规模加大的背景下，城镇公共体育设施的利用效率低下仍是普遍现状。其采用层次分析法，在资源投入、效益产出2个一级指标的基础上确定了8个二级指标以及31个三级指标，从而构建了城镇公共体育设施利用效率评价体系。该评价体系改变了传统研究中自上而下、力求全面的研究思路，而是基于当前公共体育设施存在的突出问题，从利用效率入手，着重从公共体育设施资源投入与效益产出角度讨论公共体育设施后期运营中存在的利用率不高的问题，在研究视角上具有一定创新性，但全面性与综合性稍显不足。[2]

归纳起来，国内学者构建的具有代表性的大型公共体育场馆运营管理绩效评价体系如表2-6所示。

表2-6　国内大型公共体育场馆运营管理绩效评价体系研究概况

研究者	年份	理论基础	研究方法	评价维度（一级指标）
高雪莲	2006	平衡记分卡	文献研究法	①顾客；②财务；③内部流程；④学习成长
王兆红等	2008	平衡记分卡	层次分析法	①顾客；②财务；③内部流程；④学习与创新
游战澜	2010	平衡记分卡	层次分析法	①顾客；②财务；③内部流程；④学习成长
冯振旗	2011	平衡记分卡	层次分析法	①顾客；②财务；③内部流程；④学习成长
张红学	2011	平衡记分卡	层次分析法	①顾客；②财务；③内部流程；④学习成长
耿宝权	2012	平衡记分卡	德尔菲法	①顾客；②财务；③内部流程；④学习成长

---

[1] 叶晓甦，安妮，陈娟. 体育场馆PPP项目运营绩效评价结构要素体系研究［J］. 项目管理技术，2019，17（5）：14-21.

[2] 林丹，刘雪凯，水振炜. 我国中小城镇公共体育设施利用效率评价体系构建——以浙江省为例［J］. 广州体育学院学报，2020，40（5）：24-30.

续表2-6

研究者	年份	理论基础	研究方法	评价维度（一级指标）
张大超等	2013	—	德尔菲法、层次分析法	①体育设施规划布局与建设；②体育设施运行与管理
王进等	2013	—	德尔菲法	①利用水平；②活动承载能力；③赛事举办；④体育培训；⑤运动训练；⑥运动设施；⑦安全设施；⑧交通设施
周薇薇	2014	公共产品理论	主成分分析法	①场馆运营；②软件建设；③内部管理；④非经营性；⑤公众需求；⑥人力资源；⑦硬件建设
杜朝辉	2015	平衡记分卡	模糊层次分析法	①经济绩效；②社会绩效；③环境绩效
吴立川等	2017	投入－产出－结果理论	DEA法	①投入；②产出；③结果
叶晓甦等	2019	3E模型	文献挖掘法	①经济性；②效率性；③效果性；④伙伴关系价值
林丹等	2020	投入产出理论	德尔菲法、层次分析法	①资源投入；②效益产出

注："—"为未见明确理论基础。

三、理论基础

（一）利益相关者理论

1. 概念的提出与发展

"利益相关者"一词最早出现于1927年，当时美国通用电气公司（GE）的一位经理在其就职演讲中首次提出了公司应该为利益相关者服务的思想。[①] 利益相关者理论（stakeholder theory）发端于20世纪60年代，并在西方主要

---

① 刘俊海. 公司的社会责任［M］. 北京：法律出版社，1999：75.

资本主义国家长期追求外部控制型公司治理模式，即在对"股东至上"公司治理实践的质疑环境中逐渐发展。1963年，斯坦福研究院的一些研究者受到当时一场名为"股东"的戏剧启发，首次将利益相关者作为理论概念提出，认为公司的发展不仅得益于股东的投入，同时也受员工、当地居民、供应商、政府注资、人力资源、发展环境等诸多方面的因素影响，因此需要考虑和关注其他利益相关者的利益。美国学者安索夫（Ansoff）是最早（1965年）正式使用"利益相关者"开展研究的经济学家，他认为要实现理想的企业目标，需要考虑各个与公司有关的利益相关者的综合权益平衡，这里所指的利益相关者包括股东、供应商、管理者、工人及分销商等。[1] 进入20世纪70年代以后，利益相关者理论日渐被企业界所认可。1975年，经济学者迪尔（Dill）称"利益相关者的相关研究已经开始由利益相关者的影响迈向了利益相关者的参与"[2]。1977年，美国沃顿商学院（The Wharton School）正式开设利益相关者课程，并逐步将其完善，形成了一个分析框架。20世纪80年代以后，随着世界经济的快速发展，全球化竞争日趋激烈，人们逐渐发现仅讨论利益相关者是否影响企业目标实现具有很大的局限性。1984年，弗里曼（Freeman）对"利益相关者"进行了广义界定，认为利益相关者是能够对企业目标实现产生影响以及会被企业实现目标所影响的个人或群体。[3] 弗里曼对利益相关者的界定不仅涉及对企业目标实现产生影响的个人和群体，同时也将受企业目标实现影响的个人和群体纳入这一概念之中。该界定正式将政府部门、当地社区等实体看作利益相关者进行研究，极大地扩展了利益相关者概念的内涵与外延。然而，在具体的实证研究与应用推广中，人们逐渐发现弗里曼对利益相关者的界定存在一定缺陷。1995年，克拉克森（Clarkson）在《管理学评论》发表论文，将利益相关者定义为对组织投入了物力、人力、财力等资本或有一定价值的产品，并因此承担一定的风险或因组织活动而承受风险的群体。[4] 这一概念界定将组织

---

[1] 付俊文，赵红. 利益相关者理论综述 [J]. 首都经济贸易大学学报，2006，8（2）：16−21.

[2] 任海云. 利益相关者理论研究现状综述 [J]. 商业研究，2007（2）：30−32.

[3] FREEMAN R E. Strategic management: a stakeholder approach [M]. Boston, MA: Cambridge University Press, 1984.

[4] CLARKSON M E. A stakeholder framework for analyzing and evaluating corporate social performance [J]. Academy of Management Review, 1995 (20): 92−117.

与利益相关者的关联度进一步加强,重点在于强调专用性投资,因此便将媒体之类的团体或个人排除在利益相关者之外。进入 21 世纪后,我国学者贾生华、陈宏辉对利益相关者的界定具有一定的代表性。他们将利益相关者定义为:在企业中投入了一定的专用性投资,并承担一定风险,能够对企业目标的实现产生影响以及会被企业实现目标的过程所影响的个人或群体。该定义既强调了利益相关者的专用性投资,也强调了两者之间的相互关系,得到了较为广泛的认同。[①]

2. 利益相关者的分类

在现有利益相关者研究领域,关于利益相关者的分类主要有两种代表性分类方法,分别是以米切尔(Mitchell,1997)[②] 为代表的米切尔评分法和以弗里曼(Freeman,1984)、查卡姆(Charkham,1992)、克拉克森(Clarkson,1995)、惠勒(Wheeler,1998)为代表的多维细分法。

弗里曼将利益相关者分为所有权、经济依赖性、社会效益三个类别,认为持有公司(组织)股票的个人和群体为所有权利益相关者,经济依赖性利益相关者包括经理、消费者、雇员、供应商、地方社区等,而政府和媒体则属于社会效益层面的利益相关者。查卡姆认为相关群体是否为利益相关者主要视两者之间是否存在交易性合作关系而定,在此基础上将利益相关者分为契约型与公众型两类。[③] 克拉克森根据相关群体在组织经营活动中承担的风险、物质资本投资以及与企业的紧密性,将利益相关者分为自愿型与非自愿型、物质资本型与非物质资本型、首要型与次要型等类型。惠勒将社会性引入利益相关者的分类,按照其社会性,将利益相关者分为了四类,分别是首要的社会性利益相关者、次要的社会性利益相关者、首要的非社会性利益相关者与次要的非社会性利益相关者,并指出社会性利益相关者与组织有着直接(有人参与)与间接

---

① 贾生华,陈宏辉. 利益相关者的界定方法述评 [J]. 外国经济与管理,2002(5):13—18.

② MITCHELL R K, et al. Toward a theory of stakeholder identification and salience: defining the principle of who and what really counts [J]. The Academy of Management Review, 1997, 22 (4): 853—886.

③ CHARKHAM J. Corporate governance: lessons from abroad [J]. European Business Journal, 1992, 2 (4), 8—16.

（社会活动）的关系，而非社会性利益相关者虽然也与组织有着直接与间接联系，但并不与组织中具体的人产生联系。①

在现实研究与应用中，多维细分法普遍存在不可操作性，仍停留在学术讨论层面，对利益相关者理论的实际运用产生了阻碍。因此，米切尔在总结27种具有代表性的利益相关者定义后，提出了一种全新的评分（分类）法——"米切尔评分法"。米切尔指出，利益相关者的认定与利益相关者的特征是讨论利益相关者的两个核心问题。针对核心问题，他认为可以通过三个属性，即合法性（legitimacy）、权力性（power）、紧急性（urgency）来对可能的利益相关者进行评分，以此来判断个人或群体是否属于组织的利益相关者或属于哪一类利益相关者，同时指出个人或群体至少要具备三个属性中的一个才能成为组织的利益相关者。在对利益相关者进行评分后，可将其细分为确定性利益相关者、预期性利益相关者和潜在性利益相关者。其中，确定性利益相关者指三大属性全部具备的个人或群体，典型代表有股东和雇员。预期性利益相关者指具备三大属性中两个属性的个人或群体，且存在三种不同情况，即拥有合法性和权力性的利益相关者、拥有合法性和紧急性的利益相关者、拥有紧急性和权力性的利益相关者。潜在性利益相关者指具备三大属性中一个属性的个人或群体。值得一提的是，米切尔评分法是一种动态模型，在此之中，个人或群体如果获得或失去了某些属性，其类型会发生变化。米切尔评分法的提出对于利益相关者界定起到了极大的改善作用，也给出了两个方面的重要启示：一是个人或群体是否拥有合法性并不是确认其是否属于利益相关者的唯一属性；二是利益相关者具有动态转换特征，并不是固定不变的。

3. 利益相关者理论对本研究的启示

弗里曼与克拉克森对利益相关者的界定拓展了这一概念的内涵与外延，即对组织投入了物力、人力、财力等资本或有一定价值的产品，并因此承担一定的风险或因组织活动而承受风险的群体，以及能够影响组织目标的实现或能够

---

① WHEELER D, MARIA S. Including the stakeholders: the business case [J]. Long Range Planning, 1998, 31 (2): 201-210.

被组织目标实现影响到的个人与群体，均可被认为是利益相关者。对于我国西部地区大型公共体育场馆而言，在借鉴米切尔评分法的基础上，其利益相关者可能包括体育行政主管部门、场馆管理者、场馆员工、驻训运动员、场馆消费者、属地居民、属地街道社区、新闻媒体、本地市民等（见表2—7）。因此，在进行西部地区大型公共体育场馆运营管理绩效评价指标体系设计的过程中，应充分考虑、综合平衡不同类型利益相关者的权益。所构建的评价模型应具备较为广泛的适应性，如此才能够兼顾各类型利益相关者的利益诉求。

表2—7 大型公共体育场馆运营管理中的利益相关者分类

类别	利益相关者	紧急性	权力性	合法性
确定性利益相关者	体育行政主管部门	高	高	高
	大型公共体育场馆管理人员	高	高	高
	大型公共体育场馆员工	高	中	高
	当地市政部门	高	高	高
预期性利益相关者	属地居民	高	低→高	高
	属地街道社区	中	低	中
	驻训运动员	高	低	高
	场馆消费者	低	低→高	低→高
潜在性利益相关者	新闻媒体	低→高	低→高	低
	体育产业相关企业	中	中	低
	本地市民	低→高	低	低→高

（二）公共产品理论

1. 概念的提出与发展

公共产品理论的雏形源于古典经济学的代表人物亚当·斯密（Adam Smith），他在经济学巨著《国富论》中提到政府和国家应该扮演公共产品"守夜人"的角色，同时认为公共部门只应该维持在最低的范围内，如果比例过高将会影响民营经济的发展。① 法国著名经济学家萨伊（Say，1803）在其所著《政治经济学概论》中对公共消费与私人消费做了界定，认为公共消费应该由政府承担，目的在于满足社会大众的最基本需求，公共消费包括教育、司法、国防、公共救济等。② 1883年，奥地利学者萨克斯（Sachs）在研究公共财政问题时，将边际效应价值理论应用其中，由此"公共服务"成为有价值的"公共产品"。③ 萨克斯的研究将经济学纳入了公共产品研究视角，使研究者们不再拘泥于政治学或伦理学的范畴来说明公共产品问题，从此为公共产品理论的建立奠定了经济学基础。1919年，公共产品理论由瑞典学者林达尔（Lindahl）正式提出，他采用数学建模的方式研究了政府供给公共产品的投票模式，开创了利用公共产品理论指导研究的先河。但公共产品理论的开创性研究源于美国经济学家萨缪尔森（Samuelson，1954）。他在《公共支出的纯理论》一书中将公共产品与私人产品从本质上区别开来，认为纯公共产品是社会大众均可消费的集体消费产品，个人对该产品的消费并不会使该产品的总量减少，另外无论个人是否进行消费，此类产品消费所产生的益处总是存在于社会之中。④ 同时，他认为纯公共产品较私人产品有三个显著的特征，即受益的非排他性、效用的不可分割性以及消费的非竞争性。而私人产品则具备排他性、敌对性两种特征。1959年，马斯格雷夫（Musgrave）在萨缪尔森公共产品理论的基础上，进一步完善了公共产品的定义。他在《财政学原理：公共经济研究》中率先提出了公共产品与私人产品应该参照消费上的非竞争性与非排他性来进行划分。⑤ 他认为非竞争性与非排他性是公共产品的两大基本特征，判断某种物品是否属于公共产品只需要明确该种物品是否包含了两大基本特征之一或是两者兼备即可。在马斯格雷夫的基础上，多中心论的创始人奥斯特罗姆

---

① 斯密. 国民财富的性质和其原因的研究：上卷[M]. 郭大力，王亚楠，译. 北京：商务印书馆，2014：7-15.

② 萨伊. 政治经济学概论：财富的生产、分配和消费[M]. 陈福生，陈振骅，译. 上海：商务印书馆，2017：392-393.

③ 李阳. 公共产品概念和本质研究综述[J]. 生产力研究，2010（4）：30-32，35.

④ SAMUELSON P A. The pure theory of public expenditure[J]. The Review of Economics and Statistics，1954，36（4）：387-389.

⑤ 张志超，倪志良. 现代财政学原理[M]. 3版. 天津：南开大学出版社，2015：29.

(Ostrom)夫妇进一步完善了现代经济学意义上的公共产品的定义与特征，即某种物品如果同时拥有非竞争性与非排他性则可被视为公共产品。[①]

马斯格雷夫等人对公共产品的定义虽然得到了广泛的认同，但这种仅依据物品特征来进行分类的方式，未将产权等制度对物品分类的影响考虑在内，因此没有办法对政府提供私人产品进行解释。此外，任何物品都会在一定的条件下同时具备两种基本特征，因此在实际中难以分辨物品的类别。在对公共产品概念的质疑中，恩克（Enke）指出萨缪尔森的概念虽很精炼，但脱离实际，因为在现实社会中几乎不存在产品是社会中全体成员等量进行消费的。[②] 史蒂文斯（Stevens）也指出，在现实社会之中，也许根本不存在哪一种物品能够满足纯公共产品的定义，甚至于国防与制止犯罪也不是社会全体成员都能够平等得到的。[③] 为此，研究者们从不同视角构建了物品谱系概念。布坎南（Buchanan）提出了一种"俱乐部产品理论"，并在《民主过程中的财政》中将公共产品定义为：任何由集体组织决定，无论为了何种原因，通过集体组织提供的物品或劳务，都应被定义为公共产品。[④] 同时，他认为产权制度的缺失与产品的非排他性之间存在着巨大关系，只要产权制度适当，有效排他几乎可以在所有产品中得到实现。阿特金森（Atkinson）等认为萨缪尔森界定的公共产品属于一种极端情况，可以称之为"纯公共产品"。他将纯私人产品与纯公共产品比作"南北两极"，而现实中的物品是由"一极"向另外"一极"逐渐过渡的产品，均属于非纯公共产品。[⑤] 因此，在萨缪尔森公共产品"两极分类模型"的中间部分存在着大量的其他产品。针对此问题，阿特金森等人对公共产品的分类开展了连续性处理。他们认为相较于公共产品的极端情况，更为一般的情况是，在对某种商品总支出保持不变的情况下，个人消费的增加不会使

---

① 奥斯特罗姆，施罗德，温. 制度激励与可持续发展：基础设施政策透视［M］. 毛寿龙，译. 上海：上海三联书店，2000：17.
② ENKE S. More on the misuse of mathematics in economics: a rejoinder［J］. Review of Economics and Statistics, 1995（37）：131-133.
③ 史蒂文斯 J B. 集体选择经济学［M］. 杨晓维，等译. 上海：上海人民出版，1999：75.
④ BUCHANAN J. An economic theory of clubs［J］. Economic New Series, 1965（32）：1-14.
⑤ 阿特金森，斯蒂格利茨. 公共经济学［M］. 蔡江南，等译. 上海：上海三联书店，1992：619-625.

其他人的消费等量减少。阿特金森在这里提到了介于纯私人产品与纯公共产品之间的第三种产品类型，即准公共产品。我国学者程浩、管磊在综合了萨缪尔森等人的理论的基础上，提出现实社会中真正意义上的纯公共产品甚少，多数产品为准公共产品与私人产品，因此将准公共产品划分为俱乐部型准公共产品和拥挤型准公共产品（见图2-2）。①拥挤型准公共产品是指此类产品的消费本质上是属于非排他性的，但如果消费者超过一定数量，则此类产品会成为一种竞争性产品。拥挤型准公共产品中比较有代表性的是"非收费型公路"，当使用者达到一定数量后，每增加一个使用者就会导致其他人可用的总量减少，具有竞争性。但此类产品本身为免费产品，天然具有非排他性特征。俱乐部型准公共产品指的是公众可以使用，但需要付出一定费用的公共产品，拒绝付费者将被挡在门外。此类准公共产品以有线电视最为典型，付费者可以享用电视服务，不付费者则被拒之门外。

图2-2 纯公共产品、准公共产品、私人产品划分标准

2. 准公共产品的分类

准公共产品是指具有不完全的非竞争性和非排他性的社会产品。准公共产品涵盖的范围较广，主要包括教育、体育、文化、卫生等各类社会性基础设施

---

① 程浩，管磊. 对公共产品理论的认识[J]. 河北经贸大学学报，2002，23（6）：10-17.

以及公共服务等。[①] 在准公共产品之中，不同种类的产品消费具有的非均质性程度有所区别。产品消费的非均质性越强，其市场性（排他性与竞争性）也越强，反之亦然。以产品消费的非均质性特征与产品市场性的内在关系为依据，大致可以将准公共产品分为三类：维持型准公共产品、发展型准公共产品与经营型准公共产品。[②]

维持型准公共产品的产品消费非均质性相较另外两种准公共产品最弱，其市场性也最弱。此类准公共产品绝大多数为社会硬公共设施，如公共博物馆、公共体育场馆、公共音乐厅、公共绿地、城市公园、高速公路等。维持型准公共产品的典型特征主要有两个：其一，产品消费的数量、种类、品质和时间通常处于既定状态，个人消费不以对产品的持续性占有为前提，产品消费行为受到时间的约束且呈流动形态；其二，消费者的消费行为之间几乎不存在质量差别，消费行为集中于特定时间段，超出该时间段，消费行为自动结束，不易产生消费不足和过度消费的问题。在维持型准公共产品的消费中即便存在质量差异，也可以通过一些成本可忽略不计的简便方法予以解决，比如在体育场馆中观看体育赛事，可以采用不同的收费标准，即根据观赏位置的优劣制定不同的价格。此外，维持型准公共产品具有的弱非均质性与弱市场性本身表明该类产品属于社会公共产品的一个特殊类别。而这类产品的排他性主要基于两个方面的因素：一是为防止因"拥挤"产生供给效率下降而做出的必要制度安排，二是为防止因设施破损导致低效运营而进行的必要的费用（维修或维护）筹措。

发展型准公共产品是指有关国民人文素质的社会软公共设施，以教育最为具典型。教育发展水平随着社会发展水平的变化而变化，教育产品的排他性与社会成员受到免费教育（义务教育）程度的水平线紧密相关，并以此来划分教育产品的类别。在水平线之下的教育产品（免费教育）属于公共产品，在水平线之上的教育产品（非免费教育）则属于准公共产品。发展型准公共产品的非均质性在教育产品消费品质的差异上表现得最为明显。这种差

[①] 陈小安. 我国准公共产品垄断与竞争性供给改革 [J]. 经济体制改革，2006 (5): 20—24.
[②] 陈其林，韩晓婷. 准公共产品的性质：定义、分类依据及其类别 [J]. 经济学家，2010 (7): 13—21.

异不仅体现在非免费教育产品之中，在属于公共产品的免费教育产品之中也比较突出，例如"择校热"现象的产生就是发展型准公共产品非均质性特征的直接体现。

经营型准公共产品的代表是医疗以及与医疗性质相近的准公共产品。医疗具有"广义医疗"与"狭义医疗"之分。其中"广义医疗"是由疾病防控、预防免疫、公共卫生等组成的公共产品。而"狭义医疗"是指需要消费者付费才能够获得的医疗服务。经营型准公共产品的非均质性在产品供给的品质与数量上存在明显差异，该差异在医疗产品消费中表现得最为显著，即医疗产品的品质好坏直接决定了消费质量。但是，与维持型准公共产品和发展型准公共产品不同的是，经营型准公共产品存在过度消费的可能性。经营型准公共产品的非排他性来源于政府赋权，如果政府赋权过大，导致该类准公共产品的排他性过弱，则容易产生部分消费者的过度消费与占有行为。

3. 公共产品理论对本研究的启示

从国内外学者对公共产品理论的研究成果可以看出，将公共产品划分为纯公共产品、准公共产品与私人产品已经得到学界较为广泛的认同。大型公共体育场馆的本质属性兼具社会性与经营性，其供给产品消费的非均质性与市场性天然较弱，且具备维持型（拥挤型）准公共产品的典型特征。因此，可以认为大型公共体育场馆属于维持型（拥挤型）准公共产品，故在对大型公共体育场馆运营管理绩效评价进行研究时，需将维持型（拥挤型）准公共产品的内涵、特征与性质考虑在内进行综合分析，才能使社会性与经营性二者相得益彰，从而提高绩效评价的科学性、全面性与准确性。

（三）委托代理理论

1. 理论的提出与发展

委托代理理论起源于1932年，美国学者伯特（Bert）与米恩斯（Means）洞察到在当时的美国几乎所有企业的所有者同时也是企业经营者，他们认为这样的企业经营形式存在很大的坏处，提出应该将组织的所有权与经营权进行切割，所有者保留利润的获得权，而将经营权转让给职业经理人。[①] 钱德勒（Chandler）将这一过程称为"经理资本主义的兴起和企业主资本主义的衰落"[②]。到20世纪70年代初，德布勒（Debreu）构建了企业"黑箱"理论，即将厂商比喻成吸收各种要素投入，并在预算的约束下力图实现企业组织利益最大化的"黑匣子"。这种人格化的厂商观念具有很大的局限性，忽略了企业内部的激励与信息不对称问题，因此对现代企业中的许多行为没有办法进行解释，从而引发了经济学者的不满。由此，经济学者开始从企业内部的激励与信息不对称两个方面入手，着手对"黑匣子"内部进行研究，试图对企业经济组织进行更为全面的理解，从而逐渐形成了"现代企业理论"。

委托代理理论发展至今，大致经历了三个阶段，即企业主负责时期、企业合伙人时期与企业公司制时期。具有现代意义的委托代理理论主要是1973年罗斯（Ross）所界定的。罗斯认为：如果在当事人双方之中，代理人帮助委托人或代表委托人的利益行使决策权，那么委托代理关系就产生了。[③] 詹森（Jensen）与梅克林（Meckling）则认为委托代理关系实则是一种契约，委托人将自己的某一部分权力授予代理人，由代理人来完成一定的决策事宜。20世纪90年代后，我国学者开始从事委托代理理论的相关研究，比较有代表性的有以下几位学者：戴中亮（2004）在探讨委托代理关系的产生时，认为委托代理关系产生于所有权与经营权相分离的基础上。[④] 刘有贵等（2006）认为委托代理理论的关键是解决信息不对称和利益有冲突的情况下委托人对代理人的激励问题。[⑤] 李正图（2020）对制度经济学中委托代理理论的视野进行了扩展，将委托代理理论从"理性人"假设扩展到了"理性人+社会人+家庭人复合理性"的假定，认为社会信任环境系统是增强代理人与委托人之间双边对称

---

① 张维迎. 企业的企业家—契约理论 [M]. 上海：上海人民出版社，2015：21-22.
② 陈郁. 所有权、控制权与激励：代理经济学文选 [M]. 上海：上海人民出版社，2007：2-9.
③ ROSS S A. The economic theory of agency: the principal's problem [J]. American Economic Review, 1973, 63 (2): 134-139.
④ 戴中亮. 委托代理理论评述 [J]. 商业研究，2004 (19): 98-100.
⑤ 刘有贵，蒋年云. 委托代理理论评述 [J]. 学术界，2006 (1): 69-78.

信任度的具体路径。① 从上述研究中可以看出，委托代理理论是将"理性人"假设作为理论的逻辑起点，认为委托人与代理人的目标都是为了追求自身利益最大化。由此便引出了代理双方同时追求利益最大化所带来的悖论，即委托人追求利益最大化必然会导致代理人的利益最大化受损，反之亦然，这是代理双方利益相冲突的根源。在社会实践之中，委托人与代理人的目标通常并不会达到高度一致，因此代理人往往不会将委托人的利益排在首位。代理人为了降低自身所承担风险而采取的机会主义行为，通常会伴随着委托人利益的受损，这称为代理成本，此为代理双方信息不对称情况产生的源头。为了减少由代理双方信息不对称造成的效率损失，降低代理成本，经济学者们提出了诸多解决方法，其中以"代理成本理论"与"委托人—代理人理论"两种研究范式最为典型。

"代理成本理论"又称"实证代理理论"。该理论由詹森与梅克林于1976年在《厂商理论：管理行为、代理成本与所有权结构》一文中提出。他们认为，代理成本由委托人监督支出、代理人保证支出与剩余损失三个部分组成，委托人可以通过完善代理人激励与约束机制来控制代理成本。阿尔奇安（Alchian）等人则认为，在委托人与代理人之间需要一个监督者，并赋予监督者"企业剩余权益"以及"合同修改权"，以此保障监督权的增益性。② 综上所述，代理成本理论对于代理成本问题的解决主要有两点措施：一是增强代理人行为的合作性，委托代理双方应当签订以结果为导向，而不是以行为为导向的代理合同；二是在对代理人行为进行测评的基础上引入合理的激励机制，来抑制代理人的机会主义行为。

"委托人—代理人理论"的发展源于非对称条件下的经济分析，集中研究了"如何构建（设计）一个契约（补偿系统）来驱动代理人为委托人的利益行动"。在"委托人—代理人理论"中，任何一种涉及非对称交易的信息都可以被称为"委托人—代理人"关系，且这种关系可以通过一个相对严格的数学模型来对非对称信息下的激励、监督与约束机制进行研究。其中最具代表性的是

---

① 李正图. 新制度经济学委托代理理论视野的拓展[J]. 经济理论与经济管理，2020（6）：21—38.

② 向荣，贾生华. 对代理理论的综述与反思[J]. 商业经济与管理，2001（8）：37—40.

1974—1976年由米尔里斯（Mirrless）所构建并不断优化的"委托人—代理人模型"[①]。该模型以委托人与代理人之间的信息不对称作为基本前提，讨论了在"激励相容"与"参与约束"两个条件下，如何让代理人的行为更加符合委托人的利益。同时，该模型揭示了两个基本论断：一是在满足激励与约束相容的条件下，如果使委托人预期效用最大化，则代理人会承担一定的（部分）风险；二是可以采用使代理人承受完全风险的方法来对一个处于风险中立的代理人进行激励，以获得最优结果。

2. 委托代理理论对本研究的启示

从委托代理关系中可以获知，委托人希望代理人能够高效、公平、诚实、认真地履行委托人所委托的责任，而代理人也天然具备对委托人负责的义务。为此，在信息不对称与利益相冲突的情况下，委托人可以选择采用绩效评价的方式对代理人行为进行测评，使代理人可以更加明确委托人的实际诉求。而针对委托人的实际诉求制定出相应的绩效评价体系来激励代理人，能够使代理双方的目标差异大幅缩小，让代理双方利益得到最大限度的保障。目前，我国绝大多数大型公共体育场馆属于国有资产，所有权归政府（委托人），政府将场馆经营权委托给大型公共体育场馆运营者（代理人），由场馆运营者来进行大部分的运营管理决策。政府是人民群众（纳税人）的代表，人民群众（纳税人）则是财政资金的筹集者，政府动用财政资金兴建的大型公共体育场馆，理所应当对政府和人民群众（纳税人）负责，因此有必要对其运营管理进行绩效评价，以确保大型公共体育场馆运营管理过程符合经济、效率、效用原则，以此来保障财政资金支出的效益。

（四）新公共服务理论

1. 理论的提出与发展

西方主要资本主义国家在经历了20世纪70年代经济快速增长的"黄金时

[①] MIRRLEES J. The optimal structure of incentives and authority within an organization [J]. Bell Journal of Economics，1976，7（1）：105-131.

代"之后,相继陷入了"滞胀"之中,经济开始出现大幅衰退。面对举步维艰的官僚制政府和越来越不能适应信息社会管理要求的呆板僵化管理体制,社会各界对低效无能政府的不满情绪日渐加重。① 在此背景下,学者们开始探寻一条公共行政改革之路。进入20世纪80年代后,一种全新的公共行政管理理论"新公共管理理论"诞生,并很快风靡西方主要资本主义国家。② 新公共管理理论的价值取向主要有以下三点:借鉴私营企业管理办法、公共服务市场化与顾客导向。其中,借鉴私营企业管理办法主要强调公共部门可以借鉴私营企业的管理模式与方法。公共服务市场化是指将市场竞争机制引入公共服务供给之中,以此提高公共服务效率与质量。顾客导向则强调政府作为企业的负责人(企业家),应将公民视为顾客(消费者)。③ 新公共管理理论的上述价值取向在戴维·奥斯本(David Osborne)与特德·盖布勒(Ted Caebler)于1992年合著的《改革政府》中得到集中反映,并形成了新公共管理理论的核心观点"企业家政府理论"④。

新公共管理理论被提出后,虽然在西方主要资本主义国家政府改革方面取得了显著的成就,但进入21世纪后,以"企业家政府理论"为核心的新公共管理理论遭到了来自各方面的抨击与质疑,主要表现为对其理论基础的批评,对公私部门界限与市场化管理模式混淆的批评,对顾客导向偏颇的批评以及对"企业家政府"模式的批评。基于对新公共管理理论中上述问题的反思,美国学者珍妮特·登哈特和罗伯特·登哈特(Janet V. Denhardt & Robert B. Denhardt,2000)在《新公共服务:服务而不是掌舵》中首次提出了"新公共服务"的概念,由此开创了新公共服务理论的研究。在二人看来,"新公共服务是指在以公民为中心的治理模式下公共行政所扮演角色的一系列集合理

---

① 李治. 从新公共管理到新公共服务的理论发展[J]. 湖北社会科学,2008(5):28-32.
② 朱满良,高轩. 从新公共管理到新公共服务:缘起、争辩及启示[J]. 中共中央党校学报,2010,14(4):64-67.
③ ROOT H L. Small countries, big lessons: government and the rise of East Asia [M]. Hongkong: Oxford University Press, 1996.
④ 奥斯本,盖布勒. 改革政府[M]. 周敦仁,等译. 上海:上海译文出版社,2013:5-36.

念"①。相较于新公共管理理论，新公共服务理论提出了许多新的观念与治理模式。其核心观点有三：一是政府扮演角色的转变。新公共服务理论认为，在现代社会中，政府的职能需要由过去引领经济社会发展的"掌舵者"向"服务者"转变，主要体现为解决现代社会治理中的复杂问题时，政府的角色定位应从传统公共管理中所扮演的控制者转变为新公共服务治理中的议程设定者，同非营利性质的社会团体、组织或个人进行协作，政府旨在作为中间人将更多适合的参与者集中，组织磋商谈判，进而更好地制定出公共问题的解决方案。二是服务对象的不同。新公共服务理论认为服务的对象应是全体公民而不是顾客，这种观点将政府同公民的关系与工商企业同消费者的关系区别开来，认为政府不应将公民视为"顾客"。在传统公共管理治理模式下，主要强调结果与效率，但在新公共服务治理模式下，政府应更加关注公民的权利与利益，更加注重公平，而不是一味强调工作效率。三是身份认同的转变。新公共服务理论提出，政府应更加重视公共权利与公共服务，而不是将自己定位为企业家。在传统公共管理之中，政府通常将自身定位为企业家，通常表现为将公共财产视为自有资产，以此为逻辑出发点的公共治理观念必然导致公民的公共利益受损。新公共服务理论则强调政府行政应秉持为社会做贡献的精神，同公民一道，紧密协作，共同为公共利益服务。此观点的关键在于让公民参与到政府公共行政工作当中，通过此举来帮助行政管理者制定出更加有利的公共服务决策，进而达到提升政府公共服务水平与效益的目的。

2. 新公共服务理论对本研究的启示

新公共服务理论的重点在于，政府在进行公共治理的过程中不能盲目追求工作效率而忽视公共利益，需要将"以人为本"的理念渗透到整个治理过程中，始终把公共利益作为工作所追求的目标。新公共服务理论作为建设服务型政府的重要理论支撑，对本研究有着较大的理论指导意义。大型公共体育场馆作为保障我国体育事业健康快速发展的重要一环，肩负着承办体育赛事与满足

---

① 登哈特 J V，登哈特 R B. 新公共服务：服务而不是掌舵 [M]. 丁煌, 译. 3版. 北京：中国人民大学出版社，2010：23—40.

人民群众健身需要的责任。因此，大型公共体育场馆运营管理绩效的评价，不论是评价指标选取，还是评价模型构建，抑或是实证结果检验，乃至最终提出提升策略，都应将"以人民为中心"的理念贯穿始终。

第三章 西部地区大型公共体育场馆运营管理绩效评价与影响因素指标体系构建

一、基本原则

西部地区大型公共体育场馆运营管理绩效评价与影响因素指标体系的构建应当参照一般性组织运营管理绩效评价指标体系构建的基本原则与大型公共体育场馆运营管理的相关规定，并根据当前我国西部地区大型公共体育场馆的特点来开展。为保障绩效评价结果的科学性、准确性、客观性与可靠性，在进行指标体系的构建时，应遵循以下基本原则。

（一）科学性原则

科学性是西部地区大型公共体育场馆运营管理绩效评价与影响因素研究中最为重要的指导原则。本研究所构建的指标体系中，绩效评价指标与绩效影响因素存在着内部系统的复杂性、关联性、确定与不确定性，因此要求各评价维度（潜变量）与测量指标（显变量）的定义和表述必须具有科学性、准确性与严谨性，并将理论指导与专家评价相结合，努力避免笼统化、主观化、含糊化，从而减少产生歧义的概率，以保障绩效评价活动的顺利开展。

（二）公平性原则

公平与公开是绩效评价能够顺畅、有效开展的重要保障，应贯穿西部地区大型公共体育场馆运营管理绩效评价的始终，即在绩效评价的标准、程序、方法与结果等方面都需要坚持公平公开原则。同时，西部地区大型公共体育场馆绩效评价工作涉及组织与个人的共同参与，只有在公平性原则的指导下，才能实现整体与个体的密切配合，从而保障绩效评价工作的顺畅度与有效度。

（三）系统性原则

在对西部地区大型公共体育场馆运营管理绩效进行评价的过程中，虽无须将各种评价指标考虑穷尽，但在进行经营绩效、社会绩效、创新绩效评价时，需要根据相关理论指导与实践研究成果，将一些重要的、关键的评价指标纳入绩效评价模型。同时，大型公共体育场馆运营管理涉及相关政府职能部门、场馆管理者、场馆工作人员、消费者、外部环境关联者等诸多利益相关者，是一个复杂的利益相关者体系。所以，构建西部地区大型公共体育场馆运营管理绩效评价与影响因素指标体系时，需遵循系统性与重要性相结合的原则，以保障所构建的指标体系系统全面、重点突出、便于评价。

（四）实用性原则

西部地区大型公共体育场馆运营管理绩效评价与影响因素指标体系是多层次、多结构的绩效评价体系，在进行指标体系构建时，需考虑可比性与实用性，保证所反映内容、统计口径具有一致性，使研究范围内不同地域的大型公共体育场馆之间具有横向可比性。同时，应当选择操作性强、普适度高的绩效评价工具和方法。绩效评价指标体系的构建应当以客观事实为依据，客观地反映不同变量之间的逻辑关系，避免由于评价标准过高或过低造成其丧失激励作用，要保障绩效评价行之有效。

二、绩效评价指标体系构建

（一）绩效评价一级指标的经验性筛选

西部地区大型公共体育场馆运营管理绩效评价指标体系作为一个复杂系统，其初始指标的经验性筛选主要采用文献研究与理论研究相结合的方式进行。在对目前国内外大型公共体育场馆运营管理绩效评价相关文献进行总结分析后发现，现有研究成果所构建评价指标体系主要借鉴经典的平衡记分卡模型与投入产出模型。但西部地区大型公共体育场馆多由政府财政投资，属事业单位性质，具有典型的"社会性"与"经济性"双重属性。另外，根据文献研究可知，目前我国西部地区大型公共体育场馆运营管理普遍存在工作人员依赖思想严重、主动创新服务意识不强等问题。创新性不足与服务质量不佳，极大影响了大型公共体育场馆运营效益与群众体育发展，而缺少对场馆运营管理"创新性"的评估是造成此种现象的关键原因之一。

因此，以上述两种理论模型作为基础所构建的绩效评价指标体系重点在于对"经济性"的度量，忽略了对"社会性"与"创新性"两方面的度量，可能会造成绩效评价失衡。基于此，本研究在充分把握我国西部地区大型公共体育场馆运营管理内涵与时代特征的基础上，结合专家咨询结果与国内外研究成果，以科学、公平、系统、实用等原则为指导，初步确定我国西部地区大型公共体育场馆运营管理绩效评价指标体系包括经济绩效（Economic Performance，ECP）、社会绩效（Social Performance，SOP）、创新绩效（Innovation Performance，INP）三个一级指标。

（二）绩效评价二级指标设计

1. 经济绩效指标

经济绩效评价通常是指对经济资源分配以及资源利用效率的评价，其评价标准主要涉及资源分配与资源利用效率、公平性以及处理外部突变因素的能力等方面。随着"事转企"改制的顺利推进，目前我国西部地区大型公共体育场馆的经营模式正逐渐向事业单位企业化经营过渡。经营模式的转变，赋予了大型公共体育场馆经营性与公益性双重属性。在此情境下，大型公共体育场馆的运营管理既需要保障体育事业健康发展，也需要兼顾自身的经济效益。就目前我国西部地区大型公共体育场馆的运营情况来看，多数场馆仍然面临着运营效能不佳、场馆利用率偏低、自身造血能力不强等现实困境。① 而缺乏对大型公共体育场馆运营管理实践中经济绩效的准确、合理评价，是导致后期运营难以做出科学决策的重要原因。②

基于此，本研究中的西部地区大型公共体育场馆运营管理经济绩效是指：在政府为大型公共体育场馆投入一定人力、财力、物力资源的前提下，由政府相关职能部门与运营单位履行场馆管理行为后，大型公共体育场馆运营的盈利能力、偿债能力与经济效益。相应的评价指标如表3-1所示。

表3-1　西部地区大型公共体育场馆经济绩效评价初始指标

一级指标	二级指标	说明
经济绩效（ECP）	ECP1. 营业利润率	反映体育场馆的资金（资本）增值能力，营业利润率越高，场馆盈利能力越强。 营业利润率=营业利润/营业收入×100%
	ECP2. 人均利润率	一定时间周期内体育场馆员工平均实现利润额，人均利润率越高，员工创利能力越强。 人均利润率=利润总额/员工人数×100%
	ECP3. 资产周转率	一定时间周期内体育场馆总营业额与总资产之比，周转率越高，场馆资产利用能力越强。 资产周转率=总营业额/总资产×100%
	ECP4. 总资产报酬率	一定时间周期内体育场馆获取总报酬与平均资产总额之比，报酬率越高，场馆资产利用效益越高。 总资产报酬率=税前总利润额/平均资产总额×100%
	ECP5. 净资产收益率	一定时间周期内体育场馆净利润与平均净资产之比，收益率越高，场馆获利能力越强，运营效益越好。 净资产收益率=净利润/平均净资产×100%
	ECP6. 资金流动比率	表示体育场馆每1元流动负债拥有多少流动资产作为偿还保障，该指标越大表明场馆偿债能力越强。 资金流动比率=流动资产/流动负债×100%

---

① 谭建湘，周良君，陈华. 国内公共体育场馆运营管理研究述评［J］. 体育学刊，2013，20（5）：43-48.

② 陈元欣，王健. 我国公共体育场（馆）发展中存在的问题、未来趋势、域外经验与发展对策研究［J］. 体育科学，2013，33（10）：3-13.

续表3-1

一级指标	二级指标	说明
经济绩效（ECP）	ECP7. 资金速动比率	表示体育场馆每1元流动负债有多少速动资产作为偿还的保证，该指标是对资金流动比率的补充，用于反映场馆偿债能力。 资金速动比率=速动资产/流动负债×100%
	ECP8. 成本费用利润率	一定时间周期内体育场馆利润总额与成本费用总额之比，利润率越高，场馆成本费用控制越好，盈利能力越强。 成本费用利润率=利润总额/成本费用总额×100%
	ECP9. 固定资产折旧率	一定时间周期内体育场馆固定资产折旧额与固定资产原值之比。正确核算场馆固定资产折旧率，可使运营成本负担更为合理。 固定资产折旧率=固定资产原价/（固定资产预计使用年限×固定资产原价）×100%
	ECP10. 盈余现金保障倍数	一定时间周期内体育场馆经营现金净流量与净利润之比，盈余现金保障倍数越大，表明场馆经营活动产生的净利润对现金的贡献度越高。 盈余现金保障倍数=经营现金净流量/净利润

2. 社会绩效指标

社会绩效是指群体或个人的社会实践活动对经济社会发展起到的积极作用或增益效果。[①] 西部地区大型公共体育场馆的社会绩效实质就是场馆实现社会责任与体育社会功能的表现。基于利益相关者理论，大型公共体育场馆的社会绩效涉及多个方面的利益相关者。为使评价结果更加客观与准确，本研究设计了涵盖"社会公益""政府效益""服务质量"三个方面的社会绩效评价初始指标，如表3-2所示。其中，"社会公益"类指标主要反映大型公共体育场馆开展各级各类体育赛事（公共体育活动），为社会群众开放免费（低收费）锻炼场地面积、时长，提供健身宣传、指导服务，扶持当地体育社团与运动队训练发展等社会公益活动的情况。"政府效益"类指标用于测量大型公共体育场馆运营对税收与就业的贡献。"服务质量"类指标则用于衡量体育场馆提供服务

---

① 冯丽艳，肖翔，程小可. 披露制度、社会绩效与社会责任信息披露[J]. 现代财经：天津财经大学学报，2016，36（2）：39-52.

的受众满意度以及工作人员所表现出的能力素质。

表3－2 西部地区大型公共体育场馆社会绩效评价初始指标

一级指标	二级指标	说明
社会绩效（SOP）	SOP1. 全民健身服务增长率	全民健身服务增长率=（本年度全民健身活动次数－上年度全民健身活动次数）/上年度全民健身活动次数×100%
	SOP2. 运动训练服务增长率	运动训练服务增长率=（本年度运动训练服务次数－上年度运动训练服务次数）/上年度运动训练服务次数×100%
	SOP3. 竞赛表演服务增长率	竞赛表演服务增长率=（本年度竞赛表演服务次数－上年度竞赛表演服务次数）/上年度竞赛表演服务次数×100%
	SOP4. 免费（低收费）开放达标率	免费（低收费）开放达标率=本年度免费（低收费）开放天数/365×100%
	SOP5. 社会群众满意率	社会群众满意率=到场满意社会群众数/到场社会群众总数×100%
	SOP6. 驻训运动员满意度	驻训运动员满意度=驻训运动员满意人数/驻训运动员总数×100%
	SOP7. 投诉处理率	投诉处理率=（本年度投诉处理数/本年度投诉总数）×100%
	SOP8. 员工专业素养能力	员工职业道德、专业技术水平、纪律服从态度越好，则其专业素养能力越强，社会绩效越高
	SOP9. 员工组织管理能力	员工信息化服务水平、国内外赛事承办组织水平越高，则其组织管理能力越强，社会绩效越高
	SOP10. 员工制度执行能力	运营管理相关制度的执行效果越好，则员工制度执行能力越强，社会绩效越高

3. 创新绩效指标

创新是现代组织可持续发展的动力之源，当组织发展以创新为导向时，会获得比其他同类组织更高的创新水平，从而保持在行业中的竞争优势。党的十九届五中全会指出，"坚持创新在我国现代化建设全局中的核心地位"。大型公共体育场馆作为实现公共体育服务均等化，保障民生福祉达到新水平的重要物质载体，需要不断进行创新，以实现健康可持续发展。同时，场馆工作人员作为大型公共体育场馆创新主体，拥有积极的创新行为对实现良好的创新绩效具有显著意义。[①] 此外，大型公共体育场馆运营管理人员面对复杂多变的经营环境，需要大胆创新、奋力突破，根据自身场馆运营管理的现实情况，剖析运营过程中面临的问题实质，有针对性地提出解决方案，以提升绩效水平。基于此，本研究所提出的西部地区大型公共体育场馆创新绩效是指：大型公共体育场馆运营单位或员工在实施与采用新技术（服务）后，场馆价值与运营业务额的增加。其评价指标主要涉及"创新行为"与"创新效果"两个方面，如表3-3所示。"创新行为"类指标主要用于判断员工为实现组织创新表现出的群体行为。"创新效果"类指标则用于衡量组织创新行为实施后的具体效果。

表3-3 西部地区大型公共体育场馆创新绩效评价初始指标

一级指标	二级指标	说明
创新绩效（INP）	INP1. 新增体育服务产品增长率	新增体育服务产品增长率＝本年度新增体育服务产品数量/原有体育服务产品数量×100%
	INP2. 新增体育服务产品销售利润率	新增体育服务产品销售利润率＝新增体育服务产品销售利润额/总利润额
	INP3. 新增专利授权数量	本年度新增专利（发明、实用、外观）授权数量
	INP4. 改进体育服务产品增长率	改进体育服务产品增长率＝本年度改进体育服务产品数量/原有体育服务产品数量×100%
	INP5. 改进体育服务产品销售利润率	改进体育服务产品销售利润率＝改进体育服务产品销售利润额/总利润额×100%
	INP6. 推出创新或改进服务产品速度	与同行比较，推出新型体育服务产品的时间间隔。间隔越短，创新绩效越高
	INP7. 推出创新或改进服务产品市场反响	与同行比较，推出的新型或改进体育服务产品拥有非常好的市场反响

---

① 王仙雅，林盛，陈立芸，等. 组织氛围、隐性知识共享行为与员工创新绩效关系的实证研究[J]. 软科学，2014，28（5）：43-47.

续表3-3

一级指标	二级指标	说明
创新绩效（INP）	INP8. 新技术应用速度	与同行比较，通常能够率先应用新技术
	INP9. 服务产品创新需求响应率	服务产品创新需求响应率＝本年度服务产品创新需求响应次数/本年度顾客提出服务产品创新需求总次数×100%
	INP10. 员工创新态度积极性	员工在体育场馆管理工作中能够提出改进服务产品、工作流程、产品销售、场馆运营等方面的新观点与想法

三、绩效影响因素指标体系构建

（一）研究假设

1. 外部环境对西部地区大型公共体育场馆运营管理绩效的影响

外部环境（External Environment，EXE）是组织赖以生存与发展的空间载体，所有组织都生存于特定的环境之中。大型公共体育场馆作为一种经营组织，其运营管理绩效作为场馆经营活动的具体表现，不仅受到运营模式与运作方式的影响，也会受到外部环境的影响。钟竞、陈松（2007）将外部环境分为技术环境、竞争环境、需求环境三个维度，用于测量外部环境对组织绩效的影响，结果表明外部环境对组织绩效（经济绩效、创新绩效、战略绩效）有着正向影响。[1] 张振刚、田帅（2011）以第 16 届广州亚运会大型体育赛事场馆作为研究样本，讨论了外部环境与内部资源对赛后体育场馆利用效益的作用，指出外部环境动态性对赛后体育场馆功能性开发与利用有显著影响。[2] 贡文伟、张蓉（2013）以长三角212家企业作为样本，研究了外部环境（政策环境、竞

---

[1] 钟竞，陈松. 外部环境、创新平衡性与组织绩效的实证研究 [J]. 科学学与科学技术管理，2007（5）：67-71.

[2] 张振刚，田帅. 城市运行视角下的体育场馆赛后利用系统的构建——以第 16 届广州亚运会亚运场馆赛后利用为例 [J]. 广东社会科学，2011（5）：71-77.

争环境、需求环境）与逆向供应链管理、组织绩效（经济绩效、创新绩效、市场绩效）之间的关系，证实了外部环境可以通过逆向供应链管理对组织绩效产生影响。[1] 孙旭等（2015）研究了在开放式创新背景下，外部环境对22个城市1279家制造类企业的创新绩效的影响，指出外部环境中的竞争环境、社会环境对创新绩效有显著正向影响。[2] 湛正群、杨华（2016）指出外部环境一般可分为宏观环境与竞争环境两大部分，并基于372份企业数据，研究了外部环境、内部能力与企业创新绩效之间的关系，结果显示外部环境对企业创新绩效具有显著的积极影响。[3] 陈国权、刘薇（2017）基于权变理论（contingency theory），以外部环境作为调节变量，研究了企业内、外部学习对组织绩效的影响，证实了外部环境在组织学习与组织绩效之间起到了调节作用，且动态性越强，组织绩效越高。[4] 乔晗等（2017）认为任何组织都处于特定的环境之中，而组织能否适应现代经济、政治、技术、社会、竞争环境的多变性是当今组织发展面临的重要挑战，并以"冰山理论"和"7E"模型为基础，实证检验了外部环境对企业绩效存在正向影响。[5] 刘明珠、赵自强（2020）采用结构方程模型（SEM），将外部环境分为经济环境、政策环境与行业环境三个维度，测量了其对我国17家上市证券公司组织绩效的影响，结果表明外部环境对组织绩效有着显著影响。[6]

基于上述研究成果，本研究做出如下假设：

假设H1a：外部环境对西部地区大型公共体育场馆经济绩效具有正向影响。

---

[1] 贡文伟，张蓉. 外部环境与逆向供应链管理实施、组织绩效关系研究[J]. 工业工程与管理，2013，18（5）：30—36，40.

[2] 孙旭，谢富纪，陈宏权，等. 开放式创新广度、外部环境对企业创新绩效的影响[J]. 中国科技论坛，2015（10）：80—85.

[3] 湛正群，杨华. 外部环境、内部能力与高新技术企业创新绩效关系实证研究[J]. 科技管理研究，2016，36（15）：136—142.

[4] 陈国权，刘薇. 企业组织内部学习、外部学习及其协同作用对组织绩效的影响——内部结构和外部环境的调节作用研究[J]. 中国管理科学，2017，25（5）：175—186.

[5] 乔晗，张靖，郭盛，等. 银行外部环境、商业模式与绩效间关系研究——基于国内16家上市商业银行的数据[J]. 管理评论，2017，29（6）：252—263.

[6] 刘明珠，赵自强. 证券公司商业模式、外部环境与绩效——基于结构方程模型实证分析[J]. 南京师范大学学报：工程技术版，2020，20（1）：84—92.

假设 H1b：外部环境对西部地区大型公共体育场馆社会绩效具有正向影响。

假设 H1c：外部环境对西部地区大型公共体育场馆创新绩效具有正向影响。

2. 内部控制对西部地区大型公共体育场馆运营管理绩效的影响

内部控制（Internal Controls，INC）作为一种降低信息不对称和代理成本的系统化机制，其本质是弥补组织契约的不完备。良好的内部控制对提升组织运营管理绩效、风险防控能力与可持续发展能力具有重大作用。[①] 贺成冲（2009）指出，大型公共体育场馆作为一种大型公共设施，如果内部控制失当，会造成经济效益与社会效益的严重损失。[②] 方红星、金玉娜（2013）以 2007—2010 年我国金融类上市公司（A 股）为研究对象，研究了内部控制、非效率投资、公司治理的相互关系，结果显示内部控制可以有效抑制操作性非效率投资，提高公司治理能力。[③] 杨应威（2014）在研究体育企业财务风险问题时指出，建立良好的内部控制制度对防控体育企业财务风险有着积极作用。[④] 田利军、陈甜甜（2015）认为有效的内部控制可以帮助组织找出缺陷，弥补不足，并对内部控制、社会责任与企业绩效进行了实证分析，结果证明内部控制与企业绩效呈现显著正相关。[⑤] 张娟、黄志忠（2016）以"内部控制促进论"与"内部控制悖论"为研究视角，研究了内部控制对企业绩效的两种影响机制，结果表明内部控制对企业绩效（财务绩效、创新绩效）整体上存在着促进作用，但是作用力较弱，而我国企业内部控制机制建设滞后是主要原因之一。[⑥]

---

① SIMONS R. Control in an age of empowerment [J]. Harvard Business Review，1995，73（2）：80-88.

② 贺成冲. COSO 报告视角下体育中心内部控制流程设计——以成都市体育中心为例 [J]. 财会通讯，2009（26）：92-93.

③ 方红星，金玉娜. 公司治理、内部控制与非效率投资：理论分析与经验证据 [J]. 会计研究，2013（7）：63-69，97.

④ 杨应威. 文化体育企业财务风险问题研究 [J]. 财会通讯，2014（17）：122-124.

⑤ 田利军，陈甜甜. 企业内部控制、社会责任与财务绩效 [J]. 重庆大学学报：社会科学版，2015，21（2）：75-82.

⑥ 张娟，黄志忠. 内部控制、技术创新和公司业绩——基于我国制造业上市公司的实证分析 [J]. 经济管理，2016，38（9）：120-134.

朱德胜、张菲菲（2016）从股权制衡的角度出发，讨论了内部控制与企业绩效的关系，证实了内部控制越有效，企业绩效越高。[①] 苗雨君、朱丹（2017）认为我国经济步入新常态以来，企业面临着由粗放型向集约型过渡的关键任务，补强企业内部薄弱环节成为重要议题，并以2012—2015年服务业上市公司作为样本，证实了良好的内部控制对提升企业经营绩效、社会绩效与创新绩效有着显著影响。[②] 朱丹、周守华（2018）认为内部控制的本质是确保企业战略实施从而保障企业目标实现的一种机制，并以2007—2016年我国上市企业作为样本，研究了内部控制与企业绩效的关系，结果表明高质量的内部控制对企业绩效水平有着显著影响。[③] 马桂芬（2020）指出影响企业绩效的因素众多，但内部控制是其中一项非常重要的因素，并以2011—2017年沪深A股上市公司数据实证检验了内部控制对企业绩效的影响，得出内部控制与企业绩效呈显著正相关关系[④]。庞博（2020）提到，伴随着新贸易保护主义的抬头、贸易冲突的不断加剧，为提升企业绩效，大量国内外企业开始加强内部控制，以提升员工积极性，增强资源调配能力，强化风险抵御能力。其以2785家企业作为样本，证实了内部控制对企业绩效的正向影响作用。[⑤] 苏剑（2020）基于委托代理理论与信息不对称理论，对内部控制与企业绩效的关系进行分析，同样得到了内部控制对企业绩效提升有着显著正向影响的结论。[⑥]

基于上述研究成果，本研究做出如下假设：

假设H2a：内部控制对西部地区大型公共体育场馆经济绩效具有正向影响。

假设H2b：内部控制对西部地区大型公共体育场馆社会绩效具有正向影响。

[①] 朱德胜，张菲菲. 内部控制有效性、股权制衡与公司绩效 [J]. 会计之友，2016（2）：94–100.

[②] 苗雨君，朱丹. 企业内部控制、财务绩效与社会责任——来自信息传输、软件和信息技术服务业上市公司的实证研究 [J]. 会计之友，2017（12）：50–56.

[③] 朱丹，周守华. 战略变革、内部控制与企业绩效 [J]. 中央财经大学学报，2018（2）：53–64.

[④] 马桂芬. 股权激励、内部控制有效性与企业创新绩效 [J]. 会计之友，2020（11）：59–65.

[⑤] 庞博. 内部控制、非经常性损益与企业绩效 [J]. 财会通讯，2020（14）：57–59，68.

[⑥] 苏剑. 内部资本市场效率、内部控制质量与企业绩效 [J]. 财会通讯，2020（5）：76–79.

假设 H2c：内部控制对西部地区大型公共体育场馆创新绩效具有正向影响。

3. 战略柔性对西部地区大型公共体育场馆运营管理绩效的影响

战略柔性（Strategic Flexibility，STF）是指企业应对动态竞争环境中可能出现的各类需求所表现出的反应能力。[1] 当今各类企业（组织）均处于动态性与不确定性极强的外部环境之中，剧烈的外部环境变化为企业（组织）运营带来了巨大的机遇与挑战。而战略柔性以自身所拥有的独特特征，能够帮助企业（组织）在风谲云诡的市场竞争中快速修正位置，对外部环境变化做出反应，探索新机遇，从而使其获得更高的绩效水平。阿肖克（Ashok）与库纳尔（Kunal）曾在 2003 年对全球 500 强企业进行调查，证实了战略柔性（市场柔性、生产柔性、竞争柔性）对企业提升市场竞争力具有明显效果，且对企业绩效呈现出正向影响。[2] 李桦、彭思喜（2011）从资源柔性、协调柔性两个维度测量战略柔性，并通过对 274 家企业进行问卷调查，研究了战略柔性对企业绩效的影响，结果表明战略柔性对企业绩效有着显著、直接影响。[3] 王铁男等（2011）认为，战略柔性对企业应对快速变化的外部环境具有重要的现实意义，并采用结构方程模型构建了资源柔性与能力柔性对企业绩效的影响模型，证明了能力柔性对企业绩效有显著正向影响，而资源柔性对企业绩效作用不明显——由所采用的样本企业的资源柔性程度不高所致。[4] 林亚清、赵曙明（2013）指出，伴随着市场外部环境不确定性的日趋增强，如何在高度动态环境中确保竞争优势是当下企业所面临的重要问题。为进一步解决上述问题，其将战略柔性分为了资源柔性、生产柔性等 7 个维度，并通过对我国 241 家企业

---

[1] SANCHEZ R. Strategic flexibility in product competition [J]. Strategic Management Journal, 1995, 6 (1): 135-159.

[2] ASHOK A, KUNAL B. Strategic flexibility and firm performance: the case of US based transnational corporations [J]. Global Journal of Flexible Systems Management, 2003, 4 (1): 1-8.

[3] 李桦，彭思喜. 战略柔性、双元性创新和企业绩效 [J]. 管理学报，2011, 8 (11): 1604-1609, 1668.

[4] 王铁男，陈涛，贾镕霞. 战略柔性对企业绩效影响的实证研究 [J]. 管理学报，2011, 8 (3): 388-395.

高管进行调查，研究了 TMT 社会网络、战略柔性与企业绩效的关系，结果证明 TMT 社会网络必须通过战略柔性对企业绩效产生积极影响，即战略柔性起到了完全中介作用。[①] 李卫宁等（2016）以 224 家企业作为研究样本，同样讨论了 TMT 团队氛围、战略柔性与企业绩效的关系，也得到了战略柔性对企业绩效具有显著影响的结论。[②] 马丽、赵蓓（2018）指出战略柔性对企业适应环境变化有着明显助力，并以 221 家企业作为样本，研究了战略柔性与企业绩效的关系，证实了战略柔性对企业绩效具有显著促进作用。[③] 吴琴等（2019）采用模糊集定性比较方法，研究了国际化程度、战略柔性、创业导向对企业绩效的混合影响，发现拥有较高战略柔性的企业的绩效水平高于战略柔性较低的企业。[④] 孙丽文等（2019）基于动态环境规制视角，构建了绿色创新、战略柔性与企业绩效的关系模型，用于测量三者之间的关系，结果显示战略柔性越强，企业绩效水平越高。[⑤] 庄彩云等（2020）认为，互联网等高新信息技术的迅速发展在带来"连接经济"能量的同时也带了高度的环境不确定性，改变了传统组织管理模式和创新方式，而反应型与前瞻型战略柔性均可对创造绩效产生积极影响。[⑥] 任相伟、孙丽文（2020）认为推进企业绿色发展、提升绩效，是实现高质量发展的重要路径，并基于动态能力理论视角，研究了战略柔性对企业绩效的影响，研究结果显示战略柔性对企业绩效有着显著正向影响。[⑦]

基于上述研究成果，本研究做出如下假设：

假设 H3a：战略柔性对西部地区大型公共体育场馆经济绩效具有正向

[①] 林亚清，赵曙明. 构建高层管理团队社会网络的人力资源实践、战略柔性与企业绩效——环境不确定性的调节作用 [J]. 南开管理评论，2013，16（2）：4-15，35.

[②] 李卫宁，亢永，吕源. 动态环境下 TMT 团队氛围、战略柔性与企业绩效关系研究 [J]. 管理学报，2016，13（2）：195-202.

[③] 马丽，赵蓓. 战略柔性与企业绩效：创业导向和市场竞争强度的作用 [J]. 当代财经，2018（10）：80-89.

[④] 吴琴，张骁，王乾，等. 创业导向、战略柔性及国际化程度影响企业绩效的组态分析 [J]. 管理学报，2019，16（11）：1632-1639.

[⑤] 孙丽文，任相伟，李翼凡. 战略柔性、绿色创新与企业绩效——动态环境规制下的交互和调节效应模型 [J]. 科技进步与对策，2019，36（22）：82-91.

[⑥] 庄彩云，陈国宏，梁娟，等. 互联网能力、双元战略柔性与知识创造绩效 [J]. 科学学研究，2020，38（10）：1837-1846，1910.

[⑦] 任相伟，孙丽文. 动态能力理论视角下战略柔性对企业绩效的影响研究——差异化动态环境规制强度的调节效应 [J]. 技术经济，2020，39（1）：25-33.

影响。

假设 H3b：战略柔性对西部地区大型公共体育场馆社会绩效具有正向影响。

假设 H3c：战略柔性对西部地区大型公共体育场馆创新绩效具有正向影响。

4. 冗余资源对西部地区大型公共体育场馆运营管理绩效的影响

冗余资源（Slack Resources，SLR）是指组织可用于达成战略目标的潜在或实际资源，对组织风险性决策与实现绩效期望有着重要影响。[①] 西部地区大型公共体育场馆具有固定资产体量大、可利用空间多，但整体运营效率偏低等现实特征，存在着诸多冗余资源亟待开发。美国学者西尔特（Richard M. Cyert）与马奇（James G. March）在其合著的《企业行为理论》中指出，组织内部往往会存在一定的冗余资源，组织可以通过有效利用这些冗余资源来应对环境动态变化带来的冲击，以此提升组织绩效。[②] 李剑力（2009）认为组织发展过程中的探索性创新与开发性创新存在资源竞争且难以协调，为了找到二者协调之法，其以251家企业作为研究样本，以冗余资源作为权变影响因素检验了对组织绩效的影响，发现冗余资源有助于两种创新方式的平衡，进而提升企业绩效。[③] 张庆垒等（2015）基于资源基础理论，以2009—2012年我国316家创业板上市公司数据为样本，实证分析了不同类型（沉淀型、非沉淀型）冗余资源与企业绩效之间的关系，结果显示不同类型的冗余资源均对企业绩效起到了显著的调节效应，企业要取得竞争优势，提高绩效水平，必须考虑冗余资源的作用。[④] 蒋卫平、刘黛蒂（2016）通过对262家上市公司1052个

[①] GEORGE G. Slack resources and the performance of privately held firms [J]. Academy of Management Journal, 2005, 48 (4): 661-676.

[②] 西尔特, 马奇. 企业行为理论 [M]. 李强, 译. 北京: 中国人民大学出版社, 2008.

[③] 李剑力. 探索性创新、开发性创新与企业绩效关系研究——基于冗余资源调节效应的实证分析 [J]. 科学学研究, 2009, 27 (9): 1418-1427.

[④] 张庆垒, 施建军, 刘春林. 技术多元化、冗余资源与企业绩效关系研究 [J]. 科研管理, 2015, 36 (11): 21-28.

观察样本进行实证分析，证实了冗余资源对企业绩效的提升有着明显作用。[①]于晓宇等（2017）将冗余资源分为已沉淀冗余资源与未沉淀冗余资源，以我国345家企业作为研究样本，测量了两种冗余资源交互效应对企业绩效的影响，结果显示两种冗余资源交互效应对企业绩效有着正向影响。[②]杨利云（2019）认为，企业挖掘与吸收冗余资源越充分，越容易在市场竞争中获得竞争优势，由此提升企业绩效。其以1637个工业企业作为观察样本，实证分析了冗余资源与企业绩效之间的关系，证明了冗余资源与企业绩效呈正相关关系。[③]胡丹等（2019）在研究冗余资源、财政压力与企业社会责任表现之间关系时，得到了冗余资源不仅不会对企业盈利指标造成影响，反而对企业社会责任（社会绩效）的提升起到重要促进作用的结论。[④]王倩、曹玉昆（2020）以2001—2016年上市的331个企业作为观察样本，采用非平衡面板数据固定效应模型检验了冗余资源、战略变革与绩效期望的关系，结果表明冗余资源对绩效期望有着显著影响作用。[⑤]贡文伟等（2020）从资源依赖与社会网络理论视角入手，以冗余资源（吸收型与未吸收型）作为调节变量，检验了联盟网络、探索式创新与企业绩效之间的关系，发现吸收型与未吸收型冗余资源均对企业绩效产生了影响，并起到了显著的调节作用。[⑥]

基于上述研究成果，本研究做出如下假设：

假设H4a：冗余资源对西部地区大型公共体育场馆经济绩效具有正向影响。

假设H4b：冗余资源对西部地区大型公共体育场馆社会绩效具有正向影响。

假设H4c：冗余资源对西部地区大型公共体育场馆创新绩效具有正向影响。

[①] 蒋卫平，刘黛蒂. 研发投入、冗余资源与企业绩效的关系研究［J］. 财经理论与实践，2016，37（5）：57—62.

[②] 于晓宇，陈颖颖，蔺楠，等. 冗余资源、创业拼凑和企业绩效［J］. 东南大学学报：哲学社会科学版，2017，19（4）：52—62，147.

[③] 杨利云. 多元化经营、冗余资源吸收能力与工业企业财务绩效［J］. 财会通讯，2019（27）：87—90.

[④] 胡丹，胡祎蝶，梁樑. 冗余资源、财政压力与企业社会责任表现［J］. 华东经济管理，2019，33（6）：147—154.

[⑤] 王倩，曹玉昆. 绩效期望反馈、冗余资源与战略变革［J］. 财经问题研究，2020（2）：104—113.

[⑥] 贡文伟，袁煜，朱雪春. 联盟网络、探索式创新与企业绩效——基于冗余资源的调节作用［J］. 软科学，2020，34（7）：114—120.

（二）影响因素指标经验性筛选

1. 外部环境因素指标

基于上述对外部环境相关研究的梳理分析，本研究将从宏观环境与竞争环境两个方面对西部地区大型公共体育场馆外部环境影响因素进行测量。初始测量指标的筛选是在参考宏观分析模型（PEST）的基础上，综合借鉴现有研究成果（钟竞，2007；贡文伟，2013；孙旭，2015；湛正群，2016；陈国权，2017；彭娟，2020）与专家咨询结果完成。具体而言，本研究将外部环境因素的测量指标确定为经济环境、政治环境、技术环境、社会环境与竞争环境 5 项（见表 3-4）。

表 3-4　外部环境因素初始测量指标

影响因素	测量指标	说明
外部环境（EXE）	EXE1. 经济环境	所属区域人均地区生产总值较高，人口规模较大，人均消费支出较高，社会经济发展水平总体较好
	EXE2. 政治环境	所属区域政治稳定性强，相关政策制度实施顺畅，且具有连贯性与稳定性
	EXE3. 技术环境	大数据、区块链等网络化、信息化、智能化新兴技术在体育场馆运营中应用程度较高
	EXE4. 社会环境	所属区域城镇化水平较高，居民健康、便利、安全满意度较高且人口密度较大
	EXE5. 竞争环境	所属区域市场竞争者数量多且竞争强度大

2. 内部控制因素指标

内部控制因素初始测量指标是在参考财政部、证监会、审计署等部委联合印发的《企业内部控制基本规范》[①]的基础上，通过对贺成冲（2009）、田利

[①] 财政部，证监会，审计署，等. 关于印发《企业内部控制基本规范》的通知[EB/OL].(2008-10-30)[2023-06-10]. http://www.mof.gov.cn/gkml/caizhengwengao/caizhengbuwengao2008/caizhengbuwengao20087/200810/t20081030_86252.htm.

军（2015）、张娟（2016）、朱德胜（2016）、朱丹（2018）、庞博（2020）等学者相关研究成果进行分析、筛选，综合设计形成。具体而言，本研究将内部控制因素测量指标设计为内部环境、风险管理、控制活动、信息沟通与内部监督5项（见表3-5）。

表3-5　内部控制因素初始测量指标

影响因素	测量指标	说明
内部控制（INC）	INC1. 内部环境	内部机构设置合理，权责明晰；激励机制压力适当；员工工作氛围轻松和谐
	INC2. 风险管理	设立风险管理部门，决策层参与风险分析工作；建立书面程序对各类风险进行监测、识别与评估
	INC3. 控制活动	授权批准制度、经费预算制度、运营分析制度、绩效考评制度设置科学、完善、合理，并能够得到正确执行
	INC4. 信息沟通	建有高效完善的信息化管理系统，现有工作信息获取渠道通畅，信息接触、传递行为适当
	INC5. 内部监督	监督机构独立完善，监管制度健康有序，监督流程完善合理，职责边界清晰明确，监督结果运用科学

3. 战略柔性因素指标

战略柔性因素初始测量指标的筛选借鉴了李桦（2011）、王铁男（2011）、林亚清（2013）、马丽（2018）、李卫宁（2019）、任相伟（2020）等学者的研究成果。具体而言，本研究将战略柔性因素测量指标确定为前瞻柔性、响应柔性、资源柔性、协调柔性与能力柔性5项（见表3-6）。

表3-6　战略柔性因素初始测量指标

影响因素	测量指标	说明
战略柔性（STF）	STF1. 前瞻柔性	经常可以提出新的场馆发展战略方案，创新与改进服务产品，并根据判断与预测迅速进入市场
	STF2. 响应柔性	年度计划具有较强弹性，能够在复杂环境变化中抓住场馆发展机会，并为预料之外可能出现的机遇留有备用金
	STF3. 资源柔性	场馆运营中各部门资源（产品、服务）共享程度较高，且资源调配灵活、效率高

续表3-6

影响因素	测量指标	说明
战略柔性（STF）	STF4. 协调柔性	场馆人员工作程序灵活，工作模式动态性强，内部沟通渠道畅通，对外部竞争响应积极
	STF5. 能力柔性	能够明确现有资源的利用范围，发现现有资源新用途，并根据环境改变及时转变资源用途，进行合理配置

4. 冗余资源因素指标

冗余资源因素初始测量指标的筛选，同样在借鉴前人相关研究成果（李剑力，2009；张庆垒，2015；田雪莹，2015；蒋卫平，2016；于晓宇，2017；王倩，2020）的基础上综合专家咨询结果完成。具体而言，本研究将冗余资源因素测量指标确定为财务资源、留存收益、金融资助、生产能力、场馆设施5项（见表3-7）。

表3-7 冗余资源因素初始测量指标

影响因素	测量指标	说明
冗余资源（SLR）	SLR1. 财务资源	场馆运营过程中拥有充足且可供支配的资金池
	SLR2. 留存收益	未分配利润（留存收益）可以支持市场扩张行为
	SLR3. 金融资助	在场馆运营需要资金时能够获得金融机构资助
	SLR4. 生产能力	目前场馆服务（产品）运营低于可供给能力（或设计目标）
	SLR5. 场馆设施	目前场馆设施利用未达上限，还有巨大的潜力可挖掘

四、绩效评价与影响因素指标体系优化

对西部地区大型公共体育场馆运营管理绩效评价与影响因素进行研究的关键在于设计一套科学、准确、合理的评价指标体系。因此，在完成初始指标筛选的基础上，必须进行优化设计，以确保准确反映西部地区大型公共体育场馆经济绩效、社会绩效与创新绩效以及影响绩效水平的主要因素，为开展后续实

证检验奠定基础。

（一）初始测量指标体系的执行与优化

对于初始测量指标体系，本研究主要通过德尔菲法（Delphi Method）与探索性因子分析（EFA）进行筛选与修正。

根据文献分析与理论研究所构建的测量指标体系可能会出现表述不清、语义晦涩等问题，导致测量结果不准确，从而影响整体测量效度。[1] 为保障所设计西部地区大型公共体育场馆运营管理绩效评价与影响因素指标体系更具权威性与准确性，笔者于2019年7月—2020年1月，严格按照德尔菲法操作规范，采用李克特5分制量表（"1"=完全不赞同；"5"=完全赞同），通过函件交流形式向学界与业界共计17位专家学者与专业技术人员开展了三轮匿名函询。

(1) 绩效评价指标（第一轮）。

对于第一轮绩效评价指标函询结果，采用专家意见集中度作为筛选与修正的依据。按照德尔菲法操作标准与多数同意原则，以评价为"完全赞同""比较赞同"两项累计选择率大于60%作为入选第二轮筛选与修正的标准。[2] 具体结果如表3-8所示。

表3-8 第一轮绩效评价指标专家咨询结果

序号	测量指标	N	选择率（≥3分）	筛选结果
1	ECP1. 营业利润率	17	100.0%	保留
2	ECP2. 人均利润率	17	100.0%	保留
3	ECP3. 资产周转率	17	100.0%	保留
4	ECP4. 总资产报酬率	17	100.0%	保留
5	ECP5. 净资产收益率	17	100.0%	保留

---

[1] 马庆国. 管理统计 [M]. 北京：科学出版社，2016：137-139.
[2] 刘伟涛，顾鸿，李春洪. 基于德尔菲法的专家评估方法 [J]. 计算机工程，2011，37 (S1)：189-191，204.

续表3-8

序号	测量指标	N	选择率(≥3分)	筛选结果
6	ECP6. 资金流动比率	11	64.7%	保留
7	ECP7. 资金速动比率	12	70.6%	保留
8	ECP8. 成本费用利润率	11	64.7%	保留
9	ECP9. 固定资产折旧率	7	41.2%	删除
10	ECP10. 盈余现金保障倍数	6	35.3%	删除
11	SOP1. 全民健身服务增长率	17	100.0%	保留
12	SOP2. 运动训练服务增长率	11	64.7%	保留
13	SOP3. 竞赛表演服务增长率	17	100.0%	保留
14	SOP4. 免费（低收费）开放达标率	17	100.0%	保留
15	SOP5. 社会群众满意率	17	100.0%	保留
16	SOP6. 驻训运动员满意度	11	64.7%	保留
17	SOP7. 投诉处理率	17	100.0%	保留
18	SOP8. 员工专业素养能力	6	35.3%	删除
19	SOP9. 员工组织管理能力	9	52.9%	删除
20	SOP10. 员工制度执行能力	5	29.4%	删除
21	INP1. 新增体育服务产品增长率	13	76.5%	保留
22	INP2. 新增体育服务产品销售利润率	5	29.4%	删除
23	INP3. 新增专利授权数量	17	100.0%	保留
24	INP4. 改进体育服务产品增长率	17	100.0%	保留
25	INP5. 改进体育服务产品销售利润率	17	100.0%	保留
26	INP6. 推出创新或改进服务产品速度	17	100.0%	保留
27	INP7. 推出创新或改进服务产品市场反应	17	100.0%	保留
28	INP8. 新技术应用速度	17	100.0%	保留
29	INP9. 服务产品创新需求响应率	17	100.0%	保留
30	INP10. 员工创新态度积极性	15	88.2%	保留

在第一轮绩效评价指标专家咨询结果中，共有 6 个指标（ECP9. 固定资产折旧率；ECP10. 盈余现金保障倍数；SOP8. 员工专业素养能力；SOP9. 员工组织管理能力；SOP10. 员工制度执行能力；INP2. 新增体育服务产品销售利润率）的选择率（≥3 分）低于 60%，予以删除。

此外，依据专家建议新增 3 个测量指标，即 "SOP8. 就业贡献率（支付给员工和为员工支付的现金/平均净资产）；SOP9. 税费净额（本年度场馆运营支付的各项税费－税费返还）；SOP10. 员工专业素养（员工所表现出的职业道德、专业技术水平、制度执行能力、服务态度）"，与其余 24 个指标一道纳入第二轮专家咨询。

（2）影响因素指标（第一轮）。

对于第一轮绩效影响因素指标函询结果，同样采用专家意见集中度作为筛选与修正的依据。以评价为 "完全赞同" "比较赞同" 两项累计选择率大于 60% 作为入选第二轮筛选与修正的标准，具体结果如表 3-9 所示。

表 3-9 第一轮绩效影响因素指标专家咨询结果

序号	测量指标	N	选择率（≥3 分）	筛选结果
1	EXE1. 经济环境	17	100.0%	保留
2	EXE2. 政治环境	17	100.0%	保留
3	EXE3. 技术环境	17	100.0%	保留
4	EXE4. 社会环境	17	100.0%	保留
5	EXE5. 竞争环境	15	88.2%	保留
6	INC1. 内部环境	17	100.0%	保留
7	INC2. 风险管理	14	82.4%	保留
8	INC3. 控制活动	16	94.1%	保留
9	INC4. 信息沟通	15	88.2%	保留
10	INC5. 内部监督	11	64.7%	保留
11	STF1. 前瞻柔性	17	100.0%	保留
12	STF2. 响应柔性	17	100.0%	保留
13	STF3. 资源柔性	11	64.7%	保留

续表3-9

序号	测量指标	N	选择率（≥3分）	筛选结果
14	STF4. 协调柔性	17	100.0%	保留
15	STF5. 能力柔性	13	76.5%	保留
16	SLR1. 财务资源	17	100.0%	保留
17	SLR2. 留存收益	11	64.7%	保留
18	SLR3. 金融资助	17	100.0%	保留
19	SLR4. 生产能力	10	58.8%	删除
20	SLR5. 场馆设施	17	100.0%	保留

在第一轮绩效影响因素指标专家咨询结果中，有1个指标（SLR4. 生产能力）的选择率（≥3分）低于60%，予以剔除。

另外，依据专家建议新增1个测量指标，即"SLR6. 人力资源（场馆拥有专门人才相对较多，还有一定的可挖掘潜力）"，与其余19个绩效影响因素指标一道纳入第二轮专家咨询。

(3) 绩效评价指标（第二轮）。

为进一步完善西部地区大型公共体育场馆运营管理绩效评价指标体系，在参考第一轮专家咨询结果的基础上，修订完成了第二轮专家咨询问卷。对于第二轮专家咨询结果，将采用专家意见集中度（$Mean \geq 3.5$）、协调度[变异系数（CV）=标准偏差（SD）/平均值（$Mean$）≤ 0.25]与肯德尔和谐系数（W）作为评判标准[1][2]，对专家评分一致性进行检验。如表3-10所示，第二轮咨询结果中有两个指标（SOP8. 就业贡献率；INP1. 新增体育服务产品增长率）的协调度（CV）>0.25，超过检验标准，予以剔除；其余25个指标均符合检验标准，予以保留，进行下一轮分析。

---

[1] 余道明. 体育现代化理论及其指标体系研究——以首都体育现代化研究为例 [D]. 福州：福建师范大学，2007.

[2] 张大超，李敏. 我国公共体育设施发展水平评价指标体系研究 [J]. 体育科学，2013，33(4)：3-23.

表3-10 第二轮绩效评价指标专家咨询结果（N=17）

序号	测量指标	Mean	SD	CV	筛选结果	W	χ^2	P
1	ECP1. 营业利润率	4.65	0.49	0.11	保留			
2	ECP2. 人均利润率	4.29	0.47	0.11	保留			
3	ECP3. 资产周转率	3.94	0.82	0.20	保留			
4	ECP4. 总资产报酬率	4.65	0.49	0.11	保留			
5	ECP5. 净资产收益率	4.65	0.49	0.11	保留			
6	ECP6. 资金流动比率	4.30	0.98	0.23	保留			
7	ECP7. 资金速动比率	3.95	0.83	0.21	保留			
8	ECP8. 成本费用利润率	4.29	0.99	0.23	保留			
9	SOP1. 全民健身服务增长率	4.64	0.50	0.11	保留			
10	SOP2. 运动训练服务增长率	3.94	0.83	0.21	保留			
11	SOP3. 竞赛表演服务增长率	4.46	0.50	0.11	保留			
12	SOP4. 免费（低收费）开放达标率	5.00	0.01	0.01	保留			
13	SOP5. 社会群众满意率	5.00	0.01	0.01	保留			
14	SOP6. 驻训运动员满意度	3.96	0.84	0.21	保留			
15	SOP7. 投诉处理率	4.00	0.01	0.01	保留	0.623	190.638	0.000
16	SOP8. 就业贡献率	3.10	0.98	0.32	删除			
17	SOP9. 税收净额	3.70	0.47	0.13	保留			
18	SOP10. 员工专业素养	3.55	0.46	0.13	保留			
19	INP1. 新增体育服务产品增长率	3.58	1.27	0.35	删除			
20	INP3. 新增专利授权数量	4.65	0.50	0.11	保留			
21	INP4. 改进体育服务产品增长率	4.35	0.49	0.11	保留			
22	INP5. 改进体育服务产品销售利润率	3.64	0.51	0.14	保留			
23	INP6. 推出创新或改进服务产品速度	4.71	0.47	0.09	保留			
24	INP7. 推出创新或改进服务产品市场反应	4.71	0.47	0.09	保留			
25	INP8. 新技术应用速度	4.70	0.46	0.10	保留			
26	INP9. 服务产品创新需求响应率	4.00	0.01	0.01	保留			
27	INP10. 员工创新态度积极性	4.00	0.87	0.22	保留			

（4）影响因素指标（第二轮）。

同样，在参考第一轮专家咨询结果的基础上，修订完成第二轮专家咨询问卷，并以专家意见集中度、协调度与肯德尔和谐系数作为一致性检验标准。如表3-11所示，第二轮咨询结果中，各项指标的专家集中度（$Mean \geqslant 3.5$）、协调度（变异系数$\leqslant 0.25$）与肯德尔和谐系数（$W=0.647$，$P<0.01$）均符合一致性检验标准，全部予以保留，进行下一步分析。

表3-11 第二轮绩效影响因素指标专家咨询结果（$N=17$）

序号	测量指标	Mean	SD	CV	筛选结果	W	χ^2	P
1	EXE1. 经济环境	4.69	0.48	0.10	保留			
2	EXE2. 政治环境	4.00	0.82	0.21	保留			
3	EXE3. 技术环境	4.68	0.47	0.10	保留			
4	EXE4. 社会环境	4.63	0.50	0.11	保留			
5	EXE5. 竞争环境	4.38	0.96	0.22	保留			
6	INC1. 内部环境	4.00	0.01	0.01	保留	0.647	209.026	0.000
7	INC2. 风险管理	4.31	0.48	0.11	保留			
8	INC3. 控制活动	4.06	0.85	0.20	保留			
9	INC4. 信息沟通	4.30	0.47	0.11	保留			
10	INC5. 内部监督	3.69	0.48	0.13	保留			
11	STF1. 前瞻柔性	4.62	0.50	0.11	保留			
12	STF2. 响应柔性	4.52	0.69	0.15	保留			
13	STF3. 资源柔性	4.78	1.08	0.23	保留			
14	STF4. 协调柔性	4.00	0.01	0.01	保留			
15	STF5. 能力柔性	4.78	0.63	0.13	保留			
16	SLR1. 财务资源	4.31	0.48	0.11	保留	0.647	209.026	0.000
17	SLR2. 留存收益	4.38	0.94	0.22	保留			
18	SLR3. 金融资助	4.29	0.47	0.10	保留			
19	SLR5. 场馆设施	5.00	0.01	0.01	保留			
20	SLR6. 人力资源	3.89	0.86	0.22	保留			

（5）绩效评价指标（第三轮）。

第三轮绩效评价指标专家咨询问卷是根据前两轮专家咨询结果修正而成。

对于本轮咨询结果,选用弗里德曼秩和检验与肯德尔和谐系数检验对专家评分一致性进行检验。如表3-12所示,各绩效评价指标均通过弗里德曼秩和检验(秩和均值≥7.00)与肯德尔和谐系数检验($W=0.511$,$P<0.01$),符合一致性检验标准。因此,25个绩效评价指标全部予以保留,可以进行下一步分析。

表3-12 第三轮绩效评价指标专家咨询结果($N=17$)

序号	测量指标	秩和均值	结果	W	χ^2	DF	P
1	ECP1. 营业利润率	17.06	保留				
2	ECP2. 人均利润率	16.94	保留				
3	ECP3. 资产周转率	16.91	保留				
4	ECP4. 总资产报酬率	17.62	保留				
5	ECP5. 净资产收益率	13.76	保留				
6	ECP6. 资金流动比率	13.82	保留				
7	ECP7. 资金速动比率	16.32	保留				
8	ECP8. 成本费用利润率	17.00	保留				
9	SOP1. 全民健身服务增长率	9.47	保留				
10	SOP2. 运动训练服务增长率	13.85	保留				
11	SOP3. 竞赛表演服务增长率	8.12	保留	0.511	208.359	24	0.000
12	SOP4. 免费(低收费)开放达标率	9.94	保留				
13	SOP5. 社会群众满意率	10.82	保留				
14	SOP6. 驻训运动员满意度	9.44	保留				
15	SOP7. 投诉处理率	11.71	保留				
16	SOP9. 税收净额	9.21	保留				
17	SOP10. 员工专业素养	9.03	保留				
18	INP3. 新增专利授权数量	11.62	保留				
19	INP4. 改进体育服务产品增长率	17.62	保留				
20	INP5. 改进体育服务产品销售利润率	17.62	保留				
21	INP6. 推出创新或改进服务产品速度	17.62	保留				
22	INP7. 推出创新或改进服务产品市场反应	17.62	保留				

续表3-12

序号	测量指标	秩和均值	结果	W	χ^2	DF	P
23	INP8. 新技术应用速度	14.59	保留				
24	INP9. 服务产品创新需求响应率	15.26	保留	0.511	208.359	24	0.000
25	INP10. 员工创新态度积极性	17.03	保留				

（6）影响因素指标（第三轮）。

同样采用弗里德曼秩和检验与肯德尔和谐系数检验对专家评分一致性进行检验。如表3-13所示，各绩效影响因素指标均通过弗里德曼秩和检验（秩和均值≥6.00）与肯德尔和谐系数检验（$W=0.647$，$P<0.01$），符合一致性检验标准。因此，20个绩效影响因素指标全部予以保留，可以进行下一步分析。

表3-13 第三轮绩效影响因素指标专家咨询结果（$N=17$）

序号	测量指标	秩和均值	结果	W	χ^2	DF	P
1	EXE1. 经济环境	10.68	保留				
2	EXE2. 政治环境	9.85	保留				
3	EXE3. 技术环境	7.68	保留				
4	EXE4. 社会环境	10.79	保留				
5	EXE5. 竞争环境	10.18	保留				
6	INC1. 内部环境	10.12	保留				
7	INC2. 风险管理	9.21	保留				
8	INC3. 控制活动	7.74	保留	0.647	209.026	19	0.000
9	INC4. 信息沟通	6.79	保留				
10	INC5. 内部监督	9.65	保留				
11	STF1. 前瞻柔性	7.76	保留				
12	STF2. 响应柔性	6.74	保留				
13	STF3. 资源柔性	6.91	保留				
14	STF4. 协调柔性	6.53	保留				
15	STF5. 能力柔性	7.29	保留				

续表3-13

序号	测量指标	秩和均值	结果	W	χ^2	DF	P
16	SLR1. 财务资源	7.97	保留				
17	SLR2. 留存收益	8.79	保留				
18	SLR3. 金融资助	7.88	保留	0.647	209.026	19	0.000
19	SLR5. 场馆设施	7.38	保留				
20	SLR6. 人力资源	10.59	保留				

（二）探索性因子分析

1. 前测问卷数据来源

为保障西部地区大型公共体育场馆运营管理绩效评价与影响因素研究结果的准确性与可靠性，提高绩效评价质量，本研究采用便利均匀抽样的方式，向四川、重庆、陕西等地共计37个地级行政区内的大型公共体育场馆发放前测调查问卷150份，回收139份，剔除无效问卷24份，最终回收有效前测问卷115份，有效回收率为76.7%，样本量符合问卷信效度检验标准[1]，达到前测问卷发放质量标准。

2. 绩效评价指标探索性因子分析

在进行探索性因子分析之前，需对调查问卷进行信效度检验，以确定调查问卷是否适合进行探索性因子分析。信度检验采用克龙巴赫 α 系数（Cronbach's alpha）进行分析，效度检验则采用KMO样本测度与巴特利特球形检验对样本数据进行分析。

根据表3-14所示信效度检验结果可知，本研究所设计西部地区大型公共体育场馆运营管理绩效评价指标各测量维度的克龙巴赫 α 系数介于0.809～

---

[1] MCQUITTY S. Statistical power and structural equation models in business research [J]. Journal of Business Research, 2004 (57): 175-183.

0.859之间，总体系数为0.920，均大于0.7，说明所设计调查问卷具有较高信度，且问卷内部一致性较好。KMO样本测度与巴特利特球形检验结果显示，所设计调查问卷KMO值为0.828（>0.7），巴特利特球形检验近似卡方χ^2为1675.841，自由度DF为300，显著性$P<0.01$，表明调查问卷区分度良好，适合进行探索性因子分析。

表3-14 信度、KMO与巴特利特球形检验结果（$N=115$）

变量	指标数量	Cronbach's alpha	Cronbach's alpha（整体）	KMO值	巴特利特球形检验	
ECP	8	0.809			近似卡方（χ^2）	1675.841
SOP	9	0.859	0.920	0.828	自由度（DF）	300
INP	8	0.825			显著性（P）	0.000

然后，对前测问卷中西部地区大型公共体育场馆运营管理绩效评价指标开展探索性因子分析。选用主成分分析法（PCA）提取特征根>1的公因子，并采用最大方差法进行因子旋转，最大迭代次数为25，共计提取到3个公因子，总方差解释率为62.982%。探索性因子分析结果见表3-15。

表3-15 绩效评价指标样本数据的总方差解释

成分	初始特征值			提取载荷平方和			旋转载荷平方和		
	总计	方差百分比/%	累积/%	总计	方差百分比/%	累积/%	总计	方差百分比/%	累积/%
1	11.075	44.303	44.303	11.075	44.303	44.303	7.875	31.501	31.501
2	3.365	13.463	57.766	3.365	13.463	57.766	5.634	22.539	54.041
3	1.304	5.216	62.982	1.304	5.216	62.982	2.235	8.941	62.982
4	0.961	3.846	66.828						
5	0.941	3.763	70.591						

表3-16给出了绩效评价指标第一次探索性因子分析所提取公因子中各测量变量旋转后的载荷系数。可以发现，测量变量"SOP9"在第二因子与第三因子上的旋转后载荷系数为0.519与0.420。测量变量"SOP10"在第一因子与第二因子上的旋转后载荷系数为0.431与0.576。由于存在两个因子上的载荷系数都高于0.4的情况（交叉载荷），表明这两个测量变量辨别度不高，需

剔除"SOP9"与"SOP10"两个测量变量后，对剩余23个绩效评价指标测量变量进行第二次探索性因子分析。

表3—16 绩效评价指标第一次探索性因子分析旋转后的成分矩阵

变量	主成分		
	1	2	3
ECP1	0.716	0.076	0.115
ECP2	0.605	0.032	0.112
ECP3	0.692	0.019	0.184
ECP4	0.547	0.109	0.350
ECP5	0.676	0.127	0.246
ECP6	0.714	0.162	0.189
ECP7	0.889	0.229	0.110
ECP8	0.662	0.137	0.079
SOP1	0.026	0.581	0.155
SOP2	0.021	0.712	0.112
SOP3	0.297	0.690	0.272
SOP4	0.188	0.878	0.120
SOP5	0.246	0.866	0.148
SOP6	0.323	0.764	0.186
SOP7	0.204	0.628	0.353
SOP9	0.338	0.519	0.420
SOP10	0.431	0.576	0.377
INP3	0.260	0.224	0.666
INP4	0.350	0.109	0.547
INP5	0.125	0.186	0.618
INP6	0.262	0.193	0.778
INP7	0.160	0.054	0.762
INP8	0.227	0.036	0.745
INP9	0.137	0.228	0.830
INP10	0.107	0.179	0.758

表3-17给出了绩效评价指标第二次探索性因子分析旋转后的成分矩阵。如表所示，第二次探索性因子分析中"ECP7""SOP6""INP9""INP10"4个测量变量仍然存在两个因子上的载荷系数大于0.4的情况（交叉载荷），在对其进行删除后，对剩余19个测量变量进行第三次探索性因子分析。

表3-17 绩效评价指标第二次探索性因子分析旋转后的成分矩阵

变量	主成分		
	1	2	3
ECP1	0.733	0.104	0.208
ECP2	0.620	0.004	0.080
ECP3	0.710	0.060	0.160
ECP4	0.653	0.096	0.348
ECP5	0.695	0.102	0.253
ECP6	0.733	0.104	0.094
ECP7	0.572	0.426	0.236
ECP8	0.662	0.135	0.094
SOP1	0.142	0.658	0.011
SOP2	0.125	0.710	0.030
SOP3	0.259	0.713	0.289
SOP4	0.199	0.656	0.339
SOP5	0.257	0.639	0.246
SOP6	0.435	0.594	0.344
SOP7	0.344	0.660	0.189
INP3	0.219	0.236	0.684
INP4	0.095	0.298	0.791
INP5	0.202	0.110	0.623
INP6	0.179	0.286	0.767
INP7	0.167	0.077	0.761
INP8	0.248	0.059	0.732
INP9	0.444	0.110	0.497
INP10	0.437	0.010	0.525

表 3-18 显示了绩效评价指标第三次探索性因子分析旋转后的成分矩阵。成分矩阵中绩效评价指标各测量变量旋转因子载荷系数均大于 0.6，且不存在交叉载荷现象，表明各测量变量内部之间存在高度相关性且具有良好的区分效度。

因子 1 包含 ECP1、ECP2、ECP3、ECP4、ECP5、ECP6、ECP8，这 7 个测量变量主要用于反映西部地区大型公共体育场馆运营管理经济效益，因而将因子 1 命名为"经济绩效"；因子 2 包含 SOP1、SOP2、SOP3、SOP4、SOP5、SOP7，这 6 个测量变量主要用于反映西部地区大型公共体育场馆运营管理社会效益，因而将因子 2 命名为"社会绩效"；因子 3 包含 INP3、INP4、INP5、INP6、INP7、INP8，这 6 个测量变量主要用于反映西部地区大型公共体育场馆运营管理创新水平与效益，因而将因子 3 命名为"创新绩效"。通过三次探索性因子分析，最终形成了包含 3 个维度 19 个测量变量的西部地区大型公共体育场馆运营管理绩效评价指标体系，可以用于正式调查。

表 3-18　绩效评价指标第三次探索性因子分析旋转后的成分矩阵

变量	主成分		
	1	2	3
ECP1	0.755	0.071	0.106
ECP2	0.666	0.009	0.031
ECP3	0.738	0.125	0.070
ECP4	0.604	0.297	0.141
ECP5	0.680	0.273	0.064
ECP6	0.730	0.223	0.119
ECP8	0.688	0.094	0.137
SOP1	0.053	0.640	0.201
SOP2	0.006	0.749	0.144
SOP3	0.317	0.685	0.277
SOP4	0.384	0.623	0.239
SOP5	0.273	0.680	0.064
SOP7	0.186	0.662	0.320

续表3-18

变量	主成分 1	主成分 2	主成分 3
INP3	0.221	0.220	0.684
INP4	0.265	0.129	0.801
INP5	0.044	0.275	0.687
INP6	0.246	0.234	0.804
INP7	0.125	0.022	0.802
INP8	0.239	0.040	0.729

3. 绩效影响因素探索性因子分析

为进一步保障西部地区大型体育场馆运营管理绩效影响因素测量指标的清晰性、合理性与准确性，同样采用克龙巴赫 α 系数、KMO样本测度与巴特利特球形检验对其信效度进行检验。

首先，对调查问卷信度进行检验。从问卷整体的信度来看，克龙巴赫 α 系数整体为0.923，影响因素各测量维度的克龙巴赫 α 系数介于0.787~0.832之间，说明调查问卷具有较高信度，且问卷内部一致性较好。其次，KMO样本测度与巴特利特球形检验结果显示，所设计调查问卷KMO值为0.900（>0.7），巴特利特球形检验近似卡方为1623.016，DF 为190，$P<0.01$，表明调查问卷区分度良好，适合进行因子分析（见表3-19）。

表3-19 信度、KMO与巴特利特球形检验结果（N=115）

变量	指标数量	Cronbach's alpha	Cronbach's alpha（整体）	KMO值	巴特利特球形检验	
EXE	5	0.805	0.923	0.900	近似卡方（χ^2）	1623.016
INC	5	0.832			自由度（DF）	190
STF	5	0.787			显著性（P）	0.000
SLR	5	0.809				

然后，选用主成分分析法（PCA）提取特征根>1的公因子，并采用最大方差法进行因子旋转，最大迭代次数为25，共计提取到4个公因子，总方差

解释率为 63.692%。探索性因子分析结果如表 3-20 所示。

表 3-20 绩效影响因素样本数据的总方差解释

成分	初始特征值			提取载荷平方和			旋转载荷平方和		
	总计	方差百分比/%	累积/%	总计	方差百分比/%	累积/%	总计	方差百分比/%	累积/%
1	8.286	41.428	41.428	8.286	41.428	41.428	3.513	17.563	17.563
2	1.847	9.235	50.663	1.847	9.235	50.663	3.095	15.473	33.036
3	1.493	7.464	58.127	1.493	7.464	58.127	3.078	15.391	48.427
4	1.113	5.564	63.692	1.113	5.564	63.692	3.053	15.264	63.692
5	0.925	4.627	68.319						

通过观察绩效影响因素第一次探索性因子分析所提取公因子中各测量变量旋转后的载荷系数（见表 3-21）可以发现，测量变量"STF2"在第二因子与第三因子上的旋转后载荷系数分别为 0.516 与 0.631，测量变量"SLR1"在第一因子与第四因子上的旋转后载荷系数分别 0.415 与 0.714，都存在交叉载荷现象，说明辨识度不高，需将其删除后对其余 18 个测量变量进行第二次探索性因子分析。

表 3-21 绩效影响因素第一次探索性因子分析旋转后的成分矩阵

变量	主成分			
	1	2	3	4
EXE1	0.820	0.175	0.112	0.096
EXE2	0.768	0.065	0.177	0.236
EXE3	0.652	0.151	0.315	0.169
EXE4	0.633	0.319	0.003	0.136
EXE5	0.698	0.070	0.227	0.159
INC1	−0.109	0.775	0.282	−0.016
INC2	−0.013	0.753	0.324	0.050
INC3	−0.159	0.752	0.305	0.021
INC4	0.294	0.690	0.206	0.277
INC5	0.176	0.816	0.267	0.264

续表3-21

变量	主成分			
	1	2	3	4
STF1	0.307	0.228	0.766	0.269
STF2	0.206	0.516	0.631	0.109
STF3	0.074	0.116	0.630	0.196
STF4	0.084	0.139	0.708	0.238
STF5	0.236	0.210	0.769	−0.036
SLR1	0.415	0.076	0.246	0.714
SLR2	0..392	0.091	0.102	0.739
SLR3	0.095	0.124	0.160	0.761
SLR5	0.206	0.290	0.113	0.793
SLR6	0.122	0.127	0.102	0.750

表3-22给出了绩效影响因素第二次探索性因子分析所提取公因子中各测量变量旋转后的载荷系数。其中，测量变量"INC4"在第二因子与第四因子上的载荷系数为0.561与0.458，出现交叉载荷现象，予以删除。对余下的17个测量变量进行第三次探索性因子分析。

表3-22 绩效影响因素第二次探索性因子分析旋转后的成分矩阵

变量	主成分			
	1	2	3	4
EXE1	0.723	0.221	0.243	0.025
EXE2	0.776	0.251	0.045	0.068
EXE3	0.701	0.051	0.180	0.311
EXE4	0.620	0.009	0.312	0.257
EXE5	0.739	0.251	−0.042	0.036
INC1	0.313	0.670	0.104	0.134
INC2	0.309	0.598	0.218	0.217
INC3	0.049	0.775	0.150	0.149
INC4	0.086	0.561	0.336	0.458

续表3-22

变量	主成分			
	1	2	3	4
INC5	0.259	0.676	0.276	0.251
STF1	0.266	0.338	0.600	0.333
STF3	0.100	0.149	0.811	0.141
STF4	0.108	0.311	0.751	0.132
STF5	0.294	0.262	0.621	0.169
SLR2	0.047	0.226	0.363	0.717
SLR3	0.221	0.154	0.136	0.741
SLR5	0.110	0.178	0.263	0.794
SLR6	0.115	0.243	−0.073	0.728

根据绩效影响因素第三次探索性因子分析所提取公因子中各测量变量旋转后的载荷系数可知，西部地区大型公共体育场馆运营管理绩效影响因素全部测量变量旋转后的因子载荷系数均大于0.6，且不存在交叉载荷现象，表明测量变量之间契合度良好。

通过对绩效影响因素进行三次探索性因子分析，共计得到4个公因子。因子1包含EXE1、EXE2、EXE3、EXE4、EXE5，这5个测量变量主要反映西部地区大型公共体育场馆运营管理绩效影响因素中的外部环境因素，因而将因子1命名为"外部环境"；因子2包含了INC1、INC2、INC3、INC5，这4个测量变量主要反映西部地区大型公共体育场馆运营管理绩效影响因素中的内部控制因素，因此将因子2命名为"内部控制"；因子3包含STF1、STF3、STF4、STF5，这4个测量变量主要反映西部地区大型公共体育场馆运营管理绩效影响因素中的战略柔性因素，因此将因子3命名为"战略柔性"；因子4包含SLR2、SLR3、SLR5、SLR6，这4个测量变量主要反映西部地区大型公共体育场馆运营管理绩效影响因素中的冗余资源因素，因此将因子4命名为"冗余资源"。通过三次探索性因子分析，最终得到包含4个维度17个测量变量的西部地区大型公共体育场馆运营管理绩效影响因素指标体系，可以用于正式调查。

表 3-23 绩效影响因素第三次探索性因子分析旋转后的成分矩阵

变量	主成分 1	主成分 2	主成分 3	主成分 4
EXE1	0.725	0.246	0.219	0.024
EXE2	0.768	0.044	0.269	0.069
EXE3	0.685	0.177	0.080	0.317
EXE4	0.628	0.319	−0.007	0.259
EXE5	0.749	−0.037	0.237	0.033
INC1	0325	0.641	0.116	0.133
INC2	0.293	0.618	0.220	0.224
INC3	0.042	0.775	0.156	0.153
INC5	0.240	0.600	0.374	0.255
STF1	0.238	0.335	0.638	0.343
STF3	0.093	0.148	0.817	0.153
STF4	0.093	0.136	0.756	0.327
STF5	0.307	0.179	0.607	0.242
SLR2	0.054	0.355	0.207	0.724
SLR3	0.222	0.131	0.149	0.743
SLR5	0.097	0.267	0.191	0.796
SLR6	0.115	−0.084	0.243	0.727

（三）绩效评价与影响因素指标体系修正结果

利用德尔菲法与探索性因子分析进行筛选与修正，并对筛选与修正后的指标进行重新编码，最终得到西部地区大型公共体育场馆运营管理绩效评价与影响因素指标体系优化结果，如表 3-24 所示。

表 3-24 绩效评价与影响因素指标体系最终优化结果

类型	维度	测量指标
绩效评价指标体系	经济绩效（ECP）	ECP1. 营业利润率
		ECP2. 人均利润率
		ECP3. 资产周转率
		ECP4. 总资产报酬率
		ECP5. 净资产收益率
		ECP6. 资金流动比率
		ECP8. 成本费用利润率
	社会绩效（SOP）	SOP1. 全民健身服务增长率
		SOP2. 运动训练服务增长率
		SOP3. 竞赛表演服务增长率
		SOP4. 免费（低收费）开放达标率
		SOP5. 社会群众满意率
		SOP7. 投诉处理率
	创新绩效（INP）	INP3. 改进体育服务产品增长率
		INP4. 改进体育服务产品销售利润率
		INP5. 推出创新或改进服务产品速度
		INP6. 推出创新或改进服务产品市场反应
		INP7. 新技术应用速度
		INP8. 服务产品创新需求响应率
绩效影响因素指标体系	外部环境（EXE）	EXE1. 经济环境
		EXE2. 政治环境
		EXE3. 技术环境
		EXE4. 社会环境
		EXE5. 竞争环境
	内部控制（INC）	INC1. 内部环境
		INC2. 控制活动
		INC3. 信息沟通
		INC5. 内部监督

续表3-24

类型	维度	测量指标
绩效影响因素指标体系	战略柔性（STF）	STF1. 前瞻柔性
		STF3. 响应柔性
		STF4. 协调柔性
		STF5. 能力柔性
	冗余资源（SLR）	SLR2. 留存收益
		SLR3. 金融资助
		SLR5. 场馆设施
		SLR6. 人力资源

第四章　西部地区大型公共体育场馆运营管理绩效评价与假设检验

一、基本信息与描述性统计

（一）研究区域概况

西部地区面积辽阔、人口众多，是我国实现公共体育服务均等化、标准化，体育治理能力现代化，增进全民健康生活福祉的关键区域。但目前我国西部地区绝大部分区域仍旧经济欠发达，亟须加强开发。为保障本研究的科学性、全面性与深入性，在综合考虑西部地区各省份人口规模与经济发展水平的基础上，将我国西部地区12个省（自治区、直辖市）全部纳入调查研究范围。其基本情况如表4-1所示。

表4-1　2019年我国西部地区12省（自治区、直辖市）GDP及常住人口情况

地区	地区GDP/亿元	百分比/%	排名	常住人口/万人	百分比/%	排名
四川	46615.82	22.7%	1	8375.00	21.9%	1
陕西	25793.17	12.6%	2	3876.21	10.2%	4
重庆	23605.77	11.5%	3	3124.32	8.2%	6
云南	23223.75	11.3%	4	4858.30	12.7%	3
广西	21237.14	10.4%	5	4960.00	13.0%	2
内蒙古	17212.50	8.4%	6	2539.60	6.7%	8

续表4-1

地区	地区GDP/亿元	百分比/%	排名	常住人口/万人	百分比/%	排名
贵州	16769.34	8.2%	7	3622.95	9.5%	5
新疆	13597.11	6.7%	8	2523.22	6.6%	9
甘肃	8718.30	4.2%	9	2647.43	6.9%	7
宁夏	3748.48	1.8%	10	694.66	1.8%	10
青海	2965.95	1.4%	11	607.82	1.6%	11
西藏	1697.82	0.8%	12	350.56	0.9%	12
合计	205185.15	100.0%		38180.07	100.0%	

数据来源：《中国统计年鉴（2020）》。

（二）西部地区公共体育场馆发展概况

党的十八大以来，全面建设社会主义现代化国家的步伐不断加快，随着"体育强国""健康中国"战略的持续推进与"新一轮西部大开发"战略的深入实施，我国西部地区的体育事业、体育产业呈现出蓬勃发展之势。在此背景下，公共体育场馆的建设与发展同样迸发出了强大的生命活力与发展潜力。

近年来，西部地区公共体育场馆的数量、用地面积、人均体育场地面积快速增长。《第六次全国体育场地普查数据公报》显示，截至2013年底，我国西部地区12省（自治区、直辖市）共计拥有体育场馆42.63万个，体育场馆面积共计42800万平方米，人均体育场馆面积为1.17平方米。在"体育强国""健康中国"与"新一轮西部大开发"等国家战略强有力的推动下，截至2019年底，我国西部地区共计拥有体育场馆90.96万个，较2013年增加了48.33万个，增长率为113.4%；体育场馆总用地面积64224.62万平方米，较2013年增加了21424.62万平方米，增长率为50.1%；人均体育场馆面积达到1.82平方米，较2013年增加0.65平方米，增长率为55.6%（见表4-2）。

表 4－2　西部地区公共体育场馆数量、总用地面积、人均体育场馆面积增长情况

年份	体育场馆数量/万个	增长率	体育场馆总用地面积/万 m²	增长率	人均体育场馆面积/m²	增长率
2013 年	42.63	113.4%	42800	50.1%	1.17	55.6%
2019 年	90.96		64224.62		1.82	

数据来源：《第六次全国体育场地普查数据公报》《第五次全国体育场地普查数据公报》。

但同时，西部地区公共体育场馆的发展现状与我国东、中部地区相比仍然存在一定差距。体育总局于 2020 年 11 月公布的《2019 年全国体育场地统计调查数据》显示，截至 2019 年 12 月 31 日，我国体育场馆总量已达 354.44 万个，用地面积 291700 万平方米，人均体育场馆面积为 2.08 平方米。其中，东部地区拥有体育场馆 170.1 万个，体育场馆用地面积 140016 万平方米，人均体育场馆面积 2.60 平方米；中部地区拥有体育场馆 93.38 万个，体育场馆用地面积 87460 平方米，人均体育场馆面积 2.34 平方米。但西部地区 12 省（自治区、直辖市）公布数据显示，截至 2019 年底，我国西部地区共有体育场馆 90.96 万个，仅占全国体育场馆总量的 25.7%；体育场馆用地面积 64224 万平方米，占全国体育场馆用地面积总量的 22.0%；人均体育场馆面积为 1.82 平方米，占全国人均体育场馆面积的 87.5%（见表 4－3）。

表 4－3　2019 年西部地区公共体育场馆数量、用地面积与人均体育场馆面积概况

省份	体育场馆数量/万个	体育场馆用地面积/万 m²	人均体育场馆面积/m²
四川	23.84	1270.00	1.52
陕西	8.03	7015.94	1.81
重庆	11.95	5458.71	1.75
云南	11.38	8683.44	1.79
广西	12.42	10024.96	1.76
内蒙古	5.33	4681.81	1.85
贵州	8.11	5496.86	1.53

续表4-3

省份	体育场馆数量/万个	体育场馆用地面积/万 m²	人均体育场馆面积/m²
新疆	0.76	2969.60	2.01
甘肃	3.03	3304.10	1.12
宁夏	3.65	2132.40	3.07
青海	1.64	1213.99	2.01
西藏	0.82	542.81	1.61
合计	90.96	64224	1.82

数据来源：《2019年全国体育场地统计调查数据》《中国统计年鉴（2020）》以及全国各省（自治区、直辖市）体育局、统计局官方网站公开资料。

此外，就大型公共体育场馆运营管理来看，西部地区大型公共体育场馆的运营管理存在以下几类典型问题：

一是运行机制不畅，影响体育场馆资源效益发挥。目前我国西部地区公共体育场馆除少量用于专业队训练的封闭式专业性体育场馆采用全额拨款（统收、统支、统管）外，多数体育场馆的运行机制为经济责任制或承包责任制。但是，采取经济责任制或承包责任制的公共体育场馆在运营管理过程中的各类监测指标往往缺乏科学依据与客观标准，严重制约了公共体育场馆运营管理方建立健全自主经营、自负盈亏的运行机制，使公共体育场馆资源效益发挥受限。

二是场馆运营管理专业人才缺口较大。在西部地区公共体育场馆运营人员中仍然普遍缺乏专业管理人才，尤其缺乏既懂体育本体又懂场馆经营的人才。现有的公共体育场馆运营管理人员专业素养普遍不高，多为"半路出家"。在体育场馆运营管理实践中，按图索骥、生搬硬套其他行业管理模式的现象较多，导致体育场馆发展动力不足，运营效益较低。

三是公共体育场馆利用率普遍偏低。尽管对于西部地区不同地域来讲，公共体育场馆的利用率有所不同，但西部地区公共体育场馆整体利用率仍然普遍偏低。前瞻产业研究院发布的《2020—2025年中国体育场馆行业运营模式与发展前景分析报告》显示，我国西部地区大型综合体育场馆利用率为51.6%，大量场地、器材长期处于闲置状态，周一至周五白天时段尤为突出。[①]

四是公共体育场馆营销手段单一、落后。目前西部地区公共体育场馆在运营管理实践中仍以一般性原始营销手段为主，即场地租赁、停车收费为体育场馆主要收入来源，主动服务、营销意识不强。具有现代体育健身娱乐业特色的营销手段、渠道并未得到广泛推广，以致体育场馆自身造血能力不强，社会效益、经济效益不足。

（三）样本数据概况

著名统计学家查尔斯·尼尔森（Charles Nelson）曾指出，科学的样本是保障研究结果可用性的关键。由于西部地区12个省（自治区、直辖市）的经济发展与人口分布存在差异，采用简单随机抽样容易造成样本结构性偏差。因此，为确保研究结果的科学性、准确性与合理性，在向我国西部地区大型公共体育场馆运营单位发放问卷时，在坚持科学、公平、系统、实用原则的基础上，综合考虑了12个省（自治区、直辖市）的经济发展水平与人口规模，确定以2019年各省（自治区、直辖市）的地区生产总值（GDP）与常住人口数量在西部地区2019年GDP总量与常住人口总量中的占比之和作为抽样分配标准。[②] 于2020年9月—10月共计发放正式调查问卷450份，在剔除无效问卷后，回收到有效问卷295份，有效回收率为65.6%。正式调查问卷发放与回收情况如表4－4所示。

表4－4　正式调查问卷发放与回收情况

地区	分配率	发放数/份	有效回收数/份
四川	22.33%	100	76
陕西	12.78%	58	31
重庆	12.11%	55	38
云南	10.74%	48	39

---

① 伍香洲. 2020—2025年中国体育场馆行业运营模式与发展前景分析报告［R］. 深圳：前瞻产业研究院，2020.

② 李林蔓. 分层抽样下样本量的分配方法研究［J］. 统计与决策，2015（19）：18－20.

续表4-4

地区	分配率	发放数/份	有效回收数/份
广西	9.92%	45	31
内蒙古	8.29%	37	24
贵州	7.55%	34	13
新疆	6.64%	30	17
甘肃	5.43%	24	12
宁夏	1.82%	8	7
青海	1.52%	7	5
西藏	0.87%	4	2
合计	100.0%	450	295

（四）样本数据产权性质及其分布

表4-5给出了用于实证分析的295座西部地区大型公共体育场馆的产权性质及其分布的描述性统计结果。根据统计结果可知，我国西部地区12个省（自治区、直辖市）大型公共体育场馆的产权性质以事业单位差额拨款为主，其次为自收自支、全额拨款，而事业单位企业化管理的大型公共体育场馆数量还相对较少。可以发现，我国西部地区绝大多数大型公共体育场馆的运营管理仍然较依赖财政资金，自身经营创收能力较弱。

表4-5 样本数据产权性质及分布情况

地区	产权性质	场馆数量/座	地区百分比	总体百分比
四川	事业单位全额拨款	2	2.6%	0.6%
	事业单位差额拨款	58	76.3%	19.7%
	事业单位自收自支	12	15.8%	4.1%
	事业单位企业化管理	4	5.3%	1.4%
	合计	76	100.0%	25.8%

续表4－5

地区	产权性质	场馆数量/座	地区百分比	总体百分比
陕西	事业单位全额拨款	3	9.7%	0.9%
	事业单位差额拨款	26	83.9%	8.8%
	事业单位自收自支	2	6.5%	0.7%
	事业单位企业化管理	0	0.0%	0.0%
	合计	31	100.0%	10.5%
重庆	事业单位全额拨款	2	5.3%	0.6%
	事业单位差额拨款	22	57.9%	7.5%
	事业单位自收自支	10	26.3%	3.4%
	事业单位企业化管理	4	10.5%	1.4%
	合计	38	100.0%	12.9%
云南	事业单位全额拨款	3	7.7%	0.9%
	事业单位差额拨款	26	66.7%	8.8%
	事业单位自收自支	9	23.1%	3.1%
	事业单位企业化管理	1	2.6%	0.3%
	合计	39	100.0%	13.2%
广西	事业单位全额拨款	4	12.9%	1.4%
	事业单位差额拨款	18	58.1%	6.1%
	事业单位自收自支	7	22.6%	2.4%
	事业单位企业化管理	2	6.5%	0.7%
	合计	31	100.0%	10.5%
内蒙古	事业单位全额拨款	3	12.5%	0.9%
	事业单位差额拨款	18	75.0%	61.0%
	事业单位自收自支	3	12.5%	0.9%
	事业单位企业化管理	0	0.0%	0.0%
	合计	24	100.0%	8.1%

续表4-5

地区	产权性质	场馆数量/座	地区百分比	总体百分比
贵州	事业单位全额拨款	2	15.4%	0.7%
	事业单位差额拨款	8	61.5%	2.7%
	事业单位自收自支	2	15.4%	0.7%
	事业单位企业化管理	1	7.7%	0.3%
	合计	13	100.0%	4.4%
新疆	事业单位全额拨款	1	5.9%	0.3%
	事业单位差额拨款	15	88.2%	5.1%
	事业单位自收自支	1	5.9%	0.3%
	事业单位企业化管理	0	0.0%	0.0%
	合计	17	100.0%	5.8%
甘肃	事业单位全额拨款	3	25.0%	1.0%
	事业单位差额拨款	8	66.7%	2.7%
	事业单位自收自支	1	8.3%	0.3%
	事业单位企业化管理	0	0.0%	0.0%
	合计	12	100.0%	4.1%
宁夏	事业单位全额拨款	1	14.3%	0.3%
	事业单位差额拨款	6	85.7%	2.0%
	事业单位自收自支	0	0.0%	0.0%
	事业单位企业化管理	0	0.0%	0.0%
	合计	7	100.0%	2.4%
青海	事业单位全额拨款	2	40.0%	0.7%
	事业单位差额拨款	3	60.0%	1.0%
	事业单位自收自支	0	0.0%	0.0%
	事业单位企业化管理	0	0.0%	0.0%
	合计	5	100.0%	1.7%

续表4-5

地区	产权性质	场馆数量/座	地区百分比	总体百分比
西藏	事业单位全额拨款	0	0.0%	0.0%
	事业单位差额拨款	2	100.0%	0.6%
	事业单位自收自支	0	0.0%	0.0%
	事业单位企业化管理	0	0.0%	0.0%
	合计	2	100.0%	0.7%

注：若地区百分比与总体百分比合计尾数不相等，是因数值修约误差所致，并未进行人为机械调整。

二、结构测量模型的构建与修正

（一）方法选取

1. 探索性因子分析

探索性因子分析（EFA）是一种透过多个变量之间的依存关系，探究样本数据基本结构，并以假设因子来进行基本数据结构表示的方法。[1] 自1904年斯皮尔曼（Spearman）首次将探索性因子分析应用于实践后，随着计算机技术与各类统计软件的不断完善，该方法得到了极大发展。现今，探索性因子分析已经成为自然科学与社会科学研究领域最常用的统计学方法之一。采用探索性因子分析对西部地区大型公共体育场馆运营管理绩效评价指标进行研究，不仅有助于指标分类，进而利于开展综合评价，而且能够分析其主要影响因素。其主要优势有以下几个方面：一是通过提取公因子，分析绩效评价指标与主要影响因子，实现研究问题简便化；二是通过因子方差贡献率进行综合因子权重确认，能够使对研究对象的评价更加科学、准确与客观；三是选用探索性

---

[1] 孙晓军，周宗奎. 探索性因子分析及其在应用中存在的主要问题[J]. 心理科学，2005（6）：162-164，170.

因子分析对正式调查问卷中多个测量变量之间的内在逻辑关系进行分析，观察其基本数据结构，能够更加有效地体现多元变量承载的大部分信息，保证正式调查问卷的区别效度。

2. 验证性因子分析

验证性因子分析（CFA）是1969年瑞典统计学家约雷索格（K. Joreskog）为弥补探索性因子分析的不足而提出的统计分析方法。验证性因子分析是在研究者已经通过探索性因子分析确定了存在几个公因子以及各个测量变量与公因子之间的关系的基础上，结合相关理论，提出研究假设，并构建出一个含有潜变量（非可直接观察变量）的因子分析模型，然后通过样本数据对所构建因子分析模型进行拟合与检验，以此评价样本数据与研究假设是否吻合。在当今的社会科学研究中，在对调查问卷进行探索性因子分析的基础上，如还需对调查问卷的因子结构和具体测量指标的实用性数据进行检验，则需要采用验证性因子分析。因此，为保证所采集样本数据的准确性与可靠性，本研究将选用验证性因子分析对西部地区大型公共体育场馆运营管理绩效评价指标模型、影响因素模型以及第三章中所提出研究假设进行实证检验。

3. 结构方程模型

结构方程模型（SEM）亦称协方差模型，主要由测量模型与结构模型两部分组成，旨在通过统计分析技术，对潜变量与潜变量以及潜变量与观察变量之间的关系进行检验，以达到对研究目标（研究假设）进行定量研究的目的。[1] 本研究选用结构方程模型构建西部地区大型公共体育场馆运营管理绩效评价指标模型与影响因素模型具有以下几大优点：一是对于西部地区大型公共体育场馆运营管理绩效自变量存在的不可观测性，结构方程模型允许在对其进行回归分析时含有测量误差。例如绩效影响因素中的外部环境、内部控制、战略柔性与冗余资源等非直接观察变量的测量均可能存在一定的误差，而结构方

---

[1] ZHANG Y, TANG N. Bayesian empirical likelihood estimation of quantile structural equation models [J]. Journal of Systems Science & Complexity, 2017, 30 (1): 122-138.

程模型能够对这种测量误差进行调整与修正，从而增强模型解释能力。二是本研究所构建的西部地区大型公共体育场馆运营管理绩效评价指标模型与影响因素模型并非单纯解释单一自变量与单一因变量的关系，其中存在着多变量交互关系，而结构方程模型能够同时处理多个因变量，对绩效评价指标中经济绩效、社会绩效、创新绩效等方面信息进行综合分析，从而提高模型可靠性。三是结构方程模型具有对全模型进行拟合的优势，使研究者可以根据所采集数据，选择最佳模型。在本研究中，由于所设计结构测量模型涉及多个维度，采用传统方法每次仅能对单一路径进行估计，甚是烦琐。采用结构方程模型可以有效解决此问题，并根据正式调查问卷所采集到的实际样本数据，结合模型拟合指标对结构测量模型进行修正，获得最优结构测量模型，以提升研究结果的科学性与合理性。

（二）模型构建与修正

1. 信效度检验

在拟合结构测量模型之前，需对正式调查问卷样本数据的可靠性进行检验。选用克龙巴赫 α 系数对 295 份有效正式调查问卷样本数据进行信度检验。如表 4-6 所示，本研究所设计绩效评价指标 3 个潜变量的克龙巴赫 α 系数介于 0.819~0.880 之间，整体克龙巴赫 α 系数为 0.901；绩效影响因素 4 个潜变量的克龙巴赫 α 系数介于 0.765~0.824 之间，整体克龙巴赫 α 系数为 0.902。克龙巴赫 α 系数均大于 0.7，代表正式调查问卷内部一致性良好，测量变量具有较高信度，符合展开后续研究的标准。

表 4-6　正式调查问卷信度检验结果（$N=295$）

类型	维度	指标数量	Cronbach's alpha	Cronbach's alpha（整体）
绩效评价指标	经济绩效（ECP）	7	0.819	0.901
	社会绩效（SOP）	6	0.848	
	创新绩效（INP）	6	0.880	

续表4-6

类型	维度	指标数量	Cronbach's alpha	Cronbach's alpha（整体）
绩效影响因素	外部环境（EXE）	5	0.798	0.902
	内部控制（INC）	4	0.765	
	战略柔性（STF）	4	0.788	
	冗余资源（SLR）	4	0.824	

效度检验选用探索性因子分析与验证性因子分析相结合的方法。首先，对西部地区大型公共体育场馆运营管理绩效评价指标样本数据进行探索性因子分析，结果如表4-7所示。根据检验结果可知，正式调查问卷样本数据的 KMO 值为 0.916，巴特利特球形检验的近似卡方 χ^2 为 3110.744，DF 为 171，$P<0.001$，表明正式调查问卷样本数据适合进行因子分析。

表4-7 绩效评价指标 KMO 样本测度与巴特利特球形检验结果

KMO 取样适切性量数		0.916
巴特利特球形检验	近似卡方（χ^2）	3110.744
	自由度（DF）	171
	显著性（P）	0.000

然后，选用主成分分析法提取特征根>1的公因子，并采用最大方差法进行因子旋转，共计提取到3个公因子，总方差解释率为59.932%。另外，采用哈曼（Harman）单因素检验进行同源性方差分析，结果显示，所提取到的特征根>1的公因子最大方差解释率为23.232%，未超过总方差解释率的50%，可以判断该组样本数据不存在严重的同源性方差问题（见表4-8）。

表4-8 绩效评价指标测量变量总方差解释

成分	初始特征值			提取载荷平方和			旋转载荷平方和		
	总计	方差百分比/%	累积/%	总计	方差百分比/%	累积/%	总计	方差百分比/%	累积/%
1	8.101	42.639	42.639	8.101	42.639	42.639	4.414	23.232	23.232
2	1.841	9.691	52.330	1.841	9.691	52.330	3.506	18.453	41.685
3	1.444	7.603	59.932	1.444	7.603	59.932	3.467	18.247	59.932

续表4-8

成分	初始特征值			提取载荷平方和			旋转载荷平方和		
	总计	方差百分比/%	累积/%	总计	方差百分比/%	累积/%	总计	方差百分比/%	累积/%
4	0.895	4.711	64.644						
5	0.790	4.159	68.803						

表4-9显示了西部地区大型公共体育场馆运营管理绩效评价指标测量变量探索性因子分析旋转后的成分矩阵。成分矩阵中各测量变量旋转因子载荷均大于0.6，且不存在交叉载荷现象，表明各测量变量之间存在高度相关性且具有良好的区别效度，可以进行验证性因子分析。同时，根据三个公因子之中测量变量所反映信息，将三个公因子分别命名为"经济绩效""社会绩效"与"创新绩效"。

表4-9 绩效评价指标测量变量探索性因子分析旋转后的成分矩阵

变量	主成分		
	1	2	3
ECP1	0.683	0.296	0.088
ECP2	0.678	0.226	0.196
ECP3	0.676	0.131	0.332
ECP4	0.659	0.223	0.146
ECP5	0.754	0.164	0.140
ECP6	0.700	0.088	0.148
ECP8	0.625	0.121	0.161
SOP1	0.062	0.689	0.315
SOP2	0.240	0.655	0.320
SOP3	0.362	0.678	0.130
SOP4	0.207	0.732	0.119
SOP5	0.265	0.675	0.220
SOP7	0.240	0.697	0.112
INP3	0.187	0.234	0.746

续表4-9

变量	主成分 1	主成分 2	主成分 3
INP4	0.196	0.248	0.821
INP5	0.168	0.247	0.823
INP6	0.247	0.169	0.837
INP7	0.350	0.172	0.790
INP8	0.348	0.212	0.751

其次，对西部地区大型公共体育场馆运营管理绩效影响因素样本数据进行探索性因子分析，结果如表4-10所示。其中，KMO值为0.907，巴特利特球形检验的近似卡方 χ^2 为2560.460，DF为136，$P<0.001$，表明正式调查问卷样本数据适合进行因子分析。

表4-10 绩效影响因素KMO样本测度与巴特利特球形检验结果

KMO取样适切性量数		0.907
巴特利特球形检验	近似卡方（χ^2）	2560.460
	自由度（DF）	136
	显著性（P）	0.000

然后，选用主成分分析法提取特征根>1的公因子，并采用最大方差法进行因子旋转，共计提取到4个公因子，总方差解释率为66.553%。另外，采用哈曼单因素检验进行同源性方差分析，结果显示，所提取到的特征根>1的公因子最大方差解释率为18.705%，未超过总方差解释率的50%，可以判断该组样本数据不存在严重的同源性方差问题（见表4-11）。

表4-11 绩效影响要素测量变量总方差解释

成分	初始特征值 总计	方差百分比/%	累积/%	提取载荷平方和 总计	方差百分比/%	累积/%	旋转载荷平方和 总计	方差百分比/%	累积/%
1	7.367	43.334	43.334	7.367	43.334	43.334	3.180	18.705	18.705

续表4-11

成分	初始特征值			提取载荷平方和			旋转载荷平方和		
	总计	方差百分比/%	累积/%	总计	方差百分比/%	累积/%	总计	方差百分比/%	累积/%
2	1.605	9.440	52.774	1.605	9.440	52.774	2.956	17.390	36.095
3	1.330	7.823	60.596	1.330	7.823	60.596	2.707	15.926	52.021
4	1.013	5.956	66.553	1.013	5.956	66.553	2.470	14.532	66.553
5	0.734	4.320	70.873						

表4-12显示了西部地区大型公共体育场馆运营管理绩效影响因素探索性因子分析旋转后的成分矩阵。成分矩阵中各测量变量旋转因子载荷均大于0.6，且不存在交叉载荷现象，表明各测量变量之间存在高度相关性且具有良好的区别效度，可以进行验证性因子分析。同时，根据四个公因子之中测量变量所反映信息，将四个公因子分别命名为"外部环境""内部控制""战略柔性"与"冗余资源"。

表4-12 绩效影响因素测量变量探索性因子分析旋转后的成分矩阵

变量	主成分			
	1	2	3	4
EXE1	0.768	0.098	0.193	0.215
EXE2	0.744	0.263	0.059	0.159
EXE3	0.708	0.128	0.191	0.222
EXE4	0.664	0.293	0.228	0.067
EXE5	0.725	0.314	0.076	0.095
INC1	0.292	0.744	0.170	0.190
INC2	0.236	0.771	0.206	0.172
INC3	0.213	0.687	0.198	0.130
INC5	0.231	0.646	0.227	0.383
STF1	0.263	0.276	0.678	0.231
STF3	0.192	0.121	0.796	0.129
STF4	0.122	0.244	0.800	0.189

续表4-12

变量	主成分			
	1	2	3	4
STF5	0.240	0.301	0.679	0.166
SLR2	0.161	0.113	0.272	0.745
SLR3	0.238	0.144	0.042	0.745
SLR5	0.077	0.224	0.253	0.778
SLR6	0.129	0.244	0.058	0.749

2. 验证性因子分析

为进一步验证西部地区大型公共体育场馆运营管理绩效评价指标模型与绩效影响因素模型的合理性，需要对模型进行收敛与拟合检验。

(1) 西部地区大型公共体育场馆运营管理绩效评价指标测量模型。

采用 AMOS24.0，选用最大似然法对西部地区大型公共体育场馆运营管理绩效评价指标测量模型进行验证性因子分析。

一是对模型配适度进行检验。模型中 $\chi^2=215.111$，$DF=124$，$\chi^2/DF=1.735$，模型配适度指标 $GFI=0.969$、$CFI=0.928$、$IFI=0.969$、$TLI=0.962$、$NFI=0.957$、$RMSEA=0.050$（见表4-13）。测量模型各项配适度指标均符合模型拟合与收敛标准，表明测量模型具有较好的拟合与收敛效果。

表4-13 绩效评价指标测量模型配适度检验结果

指标	χ^2	DF	χ^2/DF	GFI	CFI	IFI	TLI	NFI	RMSEA
测量模型	215.111	124	1.735	0.969	0.928	0.969	0.962	0.957	0.050
建议阈值	—	—	≤3.00	>0.90	>0.90	>0.90	>0.90	>0.90	<0.08

二是对西部地区大型公共体育场馆运营管理绩效评价指标测量模型进行拟合检验。将非标准化系数设置为1.000，不参与显著检验，来判断观察变量因子载荷是否显著（见表4-14）。检验结果显示，测量模型各潜变量中观察变量因子载荷全部通过显著性检验。

表 4-14　绩效评价指标测量模型非标准化参数估计结果

路径关系	非标准化系数	SE	CR	P
ECP1←ECP	1.000	—	—	—
ECP2←ECP	1.035	0.109	9.495	***
ECP3←ECP	1.054	0.101	10.391	***
ECP4←ECP	0.971	0.104	9.345	***
ECP5←ECP	1.106	0.111	9.997	***
ECP6←ECP	0.925	0.100	9.232	***
ECP8←ECP	0.946	0.024	9.529	***
SOP1←SOP	1.000	—	—	—
SOP2←SOP	1.327	0.145	9.173	***
SOP3←SOP	1.473	0.165	8.919	***
SOP4←SOP	1.142	0.135	8.466	***
SOP5←SOP	1.291	0.146	8.853	***
SOP7←SOP	1.430	0.170	8.429	***
INP3←INP	1.000	—	—	—
INP4←INP	1.101	0.075	14.766	***
INP5←INP	1.125	0.077	14.590	***
INP6←INP	1.150	0.075	15.253	***
INP7←INP	1.096	0.073	15.082	***
INP8←INP	1.073	0.074	14.461	***

注：*** 表示 $P<0.01$。

三是采用标准化系数对西部地区大型公共体育场馆运营管理绩效评价指标测量模型收敛效度进行检验。表 4-15 给出了绩效评价指标测量模型的标准化系数。首先，可以观察到测量模型各维度中全部观察变量标准化因子载荷均大于 0.6，且具有显著的统计学意义，表明测量模型具有较好的结构效度。其次，测量模型中各潜变量的变异数萃取量（AVE）大于 0.36 的接受门槛，表明该模型具有较好的收敛效度。再次，测量模型中各潜变量组成信度（CR）均大于 0.6，表明该测量模型具有较好的内部一致性和收敛性。综上所述，西部地区大型公共体育场馆运营管理绩效评价指标测量模型所涵盖观察变量路径关系显著，达到测量模型收敛标准。

表4-15 绩效评价指标测量模型标准化参数估计结果

路径关系	标准化系数	T值	CR	AVE
ECP1←ECP	0.685***	9.300		
ECP2←ECP	0.614***	9.495		
ECP3←ECP	0.718***	10.391		
ECP4←ECP	0.644***	9.345	0.860	0.470
ECP5←ECP	0.699***	9.997		
ECP6←ECP	0.619***	9.232		
ECP8←ECP	0.799***	9.529		
SOP1←SOP	0.763***	9.208		
SOP2←SOP	0.730***	9.173		
SOP3←SOP	0.734***	8.919	0.862	0.510
SOP4←SOP	0.661***	8.466		
SOP5←SOP	0.721***	8.853		
SOP7←SOP	0.670***	8.429		
INP3←INP	0.741***	14.783		
INP4←INP	0.832***	14.766		
INP5←INP	0.828***	14.590	0.931	0.692
INP6←INP	0.878***	15.253		
INP7←INP	0.871***	15.082		
INP8←INP	0.835***	14.461		

注：*** 表示 $P<0.01$。

四是在对西部地区大型公共体育场馆运营管理绩效评价指标一阶测量模型进行验证性因子分析后，进一步构建运营管理绩效评价指标二阶测量模型并进行分析（图4-1）。

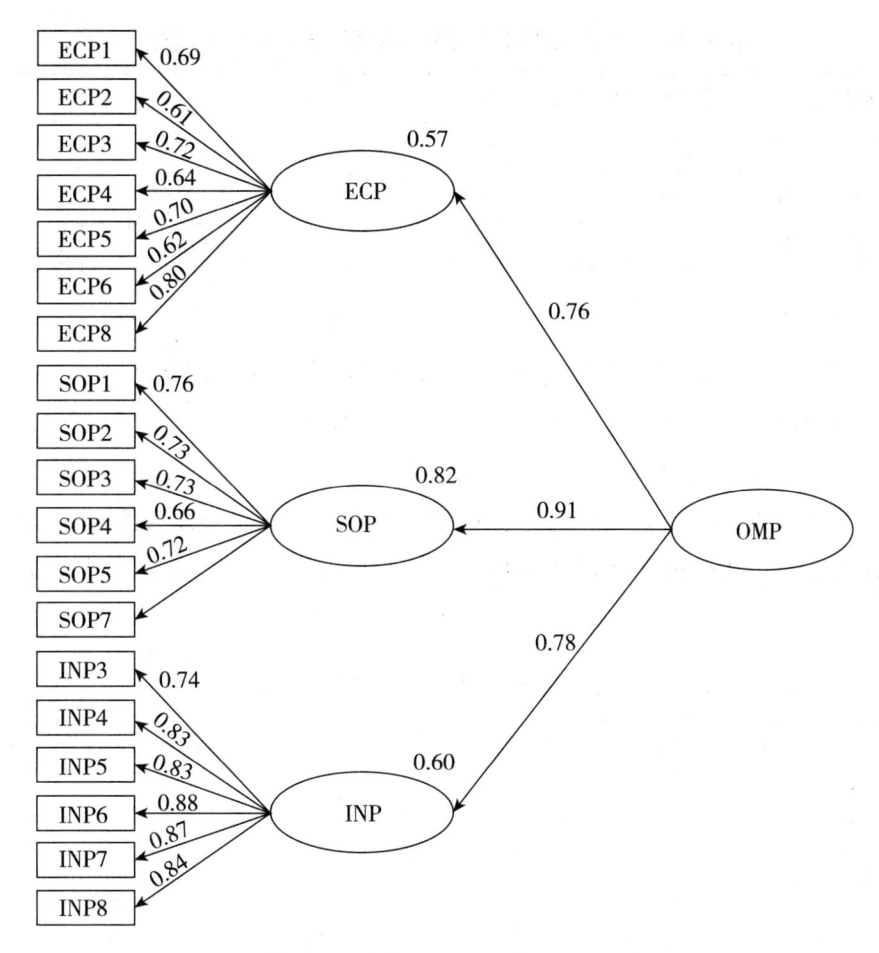

图 4-1 绩效评价指标二阶测量模型标准化参数估计

表 4-16 给出了西部地区大型公共体育场馆运营管理绩效指标二阶测量模型标准化参数估计结果。结合图 4-1 和表 4-16，首先可以观察到所构建的二阶测量模型中三个内生潜变量（ECP、SOP、INP）的标准化系数分别为 0.76、0.91、0.78，均大于 0.6；SMC 值（复相关系数平方）分别为 0.57、0.82、0.60，均大于 0.36；组成信度（CR）为 0.856，大于 0.7 的门槛值；变异数萃取量（AVE）为 0.666，大于 0.5 的标准值。由此可以判定，该二阶测量模型的 ECP、SOP、INP 三个内生潜变量均符合模型收敛标准，且三个潜变量中的所有观察变量的标准化系数和 SMC 值均达到收敛标准，所有观察变量均予以保留。因此可以判定该二阶测量模型拟合效度较好。

表 4－16　绩效评价指标二阶测量模型标准化参数估计结果

路径关系	标准化系数	T 值	CR	AVE
ECP←OMP	0.76***	6.809	0.856	0.666
SOP←OMP	0.91***	7.875		
INP←OMP	0.78***	7.092		

注：*** 表示 $P<0.01$。

其次，从模式配适度指标来看，二阶测量模型中 $\chi^2=261.122$，$DF=141$，$\chi^2/DF=1.852$；目标系数（二阶测量模型 χ^2／一阶测量模型 χ^2）为 1.062；模型配适度指标 $GFI=0.920$、$CFI=0.960$、$IFI=0.961$、$RMSEA=0.054$，各项模型配适度指标均符合模型拟合标准，可以判定西部地区大型公共体育场馆运营管理绩效评价指标二阶测量模型的拟合程度较好（见表 4－17）。

表 4－17　绩效评价指标二阶测量模型配适度检验结果

指标	χ^2	DF	χ^2/DF	GFI	CFI	IFI	RMSEA	目标系数
一阶测量模型	245.880	112	2.195	0.908	0.946	0.947	0.064	1.062
二阶测量模型	261.122	141	1.852	0.920	0.960	0.961	0.054	
建议阈值	—	—	≤3	>0.9	>0.9	>0.9	<0.08	越接近1，越具代表性

（2）西部地区大型公共体育场馆运营管理绩效影响因素测量模型。

选用 AMOS24.0，采用最大似然法对西部地区大型公共体育场馆运营管理绩效影响因素测量模型进行验证性因子分析。

一是对模型配适度进行检验。模型中 $\chi^2=245.880$，$DF=112$，$\chi^2/DF=2.195$，模型配适度指标 $GFI=0.908$、$CFI=0.946$、$IFI=0.947$、$TLI=0.935$、$NFI=0.929$、$RMSEA=0.064$（见表 4－18）。测量模型各项配适度指标均符合模型拟合与收敛标准，表明测量模型具有较好的拟合与收敛效果。

表 4-18　绩效影响因素测量模型配适度检验结果

指标	χ^2	DF	χ^2/DF	GFI	CFI	IFI	TLI	NFI	RMSEA
测量模型	245.880	112	2.195	0.908	0.946	0.947	0.935	0.929	0.064
建议阈值	—	—	≤3.00	>0.90	>0.90	>0.90	>0.90	>0.90	<0.08

二是对西部地区大型公共体育场馆运营管理绩效影响因素测量模型进行拟合检验。将非标准化系数设置为1.000，不参与显著检验，来判断观察变量因子载荷是否显著（见表4-19）。检验结果显示，测量模型各潜变量中观察变量因子载荷全部通过显著性检验。

表 4-19　绩效影响因素测量模型非标准化参数估计结果

路径关系	非标准化系数	SE	CR	P
EXE1←EXE	1.000	—	—	—
EXE2←EXE	0.996	0.077	12.876	***
EXE3←EXE	0.990	0.087	11.440	***
EXE4←EXE	0.917	0.082	11.234	***
EXE5←EXE	0.945	0.080	11.794	***
INC1←INC	1.000	—	—	—
INC2←INC	1.025	0.074	13.833	***
INC3←INC	0.795	0.070	11.360	***
INC5←INC	0.872	0.078	11.147	***
STF1←STF	1.000	—	—	—
STF3←STF	1.070	0.114	9.421	***
STF4←STF	1.042	0.101	10.308	***
STF5←STF	1.066	0.098	10.840	***
SLR2←SLR	1.000	—	—	—
SLR3←SLR	0.963	0.088	10.942	***
SLR5←SLR	1.176	0.096	12.257	***
SLR6←SLR	1.029	0.095	10.827	***

注：*** 表示 $P<0.01$。

三是采用标准化系数对西部地区大型公共体育场馆运营管理绩效影响因素测量模型收敛效度进行检验。表4-20给出了测量模型的标准化系数。首先，可以观察到测量模型各维度中全部观察变量标准化系数均大于0.6，且具有显著的统计学意义，表明测量模型具有较好的结构效度。其次，测量模型中各潜变量的变异数萃取量（AVE）大于0.36的接受门槛，表明该模型具有较好的收敛效度。再次，测量模型中各潜变量组成信度（CR）均大于0.6，表明该测量模型具有较好的内部一致性和收敛性。综上所述，西部地区大型公共体育场馆运营管理绩效影响因素测量模型所涵盖观察变量路径关系显著，达到测量模型收敛标准。

表4-20 绩效影响因素测量模型标准化参数估计结果

路径关系	标准化系数	T 值	CR	AVE
EXE1←EXE	0.745***	12.883		
EXE2←EXE	0.778***	12.876		
EXE3←EXE	0.697***	11.440	0.851	0.533
EXE4←EXE	0.694***	11.234		
EXE5←EXE	0.734***	11.794		
INC1←INC	0.783***	15.001		
INC2←INC	0.781***	13.833	0.823	0.539
INC3←INC	0.663***	11.360		
INC5←INC	0.703***	11.147		
STF1←STF	0.741***	10.417		
STF3←STF	0.649***	9.421	0.804	0.507
STF4←STF	0.718***	10.308		
STF5←STF	0.737***	10.840		
SLR2←SLR	0.740***	10.933		
SLR3←SLR	0.687***	10.942	0.824	0.540
SLR5←SLR	0.808***	12.257		
SLR6←SLR	0.696***	10.827		

注："***"表示 $P<0.01$。

3. 模型辨识与求解

(1) 模型辨识。

在构建西部地区大型公共体育场馆运营管理绩效评价与影响因素结构测量模型之前，需要先对模型是否可以辨识进行诊断。结构方程模型中，模型的辨识分为过度辨识、恰好辨识以及不足辨识三类。如要进行模型估计，至少需要为恰好辨识，最好为过度辨识。海尔等人（Hair, et al, 1998）提出了结构方程模型辨识规则（t-rule）：$DP=P（P+1）/2$（其中P为模型中所有观察变量的数目），若模型中自由估计参数的数目$t<DP$，属于过度辨识；$t=DP$，属于恰好辨识；$t>DP$，属于不足辨识。[①] 在初始测量模型之中，$P=39$，$DP=39×（39+1）/2=780$，$t=78<DP$，属于过度辨识，证明该模型可以被辨识。

(2) 模型求解。

首先，需要对模型中参数估计结果进行检验，以判断模型所设计估计参数（路径关系）是否具有显著的统计学意义。表4-21给出了初始结构测量模型路径关系非标准化参数估计结果。可以观察到，初始结构测量模型中所设计的各路径关系均具有显著的统计学意义（$P<0.01$）。

表4-21 初始结构测量模型路径关系非标准化参数估计结果

路径关系	非标准化系数	SE	CR	P
ECP←EXE	0.684	0.095	7.229	***
SOP←EXE	0.707	0.085	8.360	***
INP←EXE	0.651	0.087	7.451	***
EXE1←EXE	1.000	—	—	—
EXE2←EXE	0.977	0.078	12.558	***
EXE3←EXE	0.985	0.087	11.264	***
EXE4←EXE	0.905	0.082	11.028	***

---

① HAIR J F, et al. Multivariate data analysis [M]. 7th ed. Upper Saddle River: Prentice Hall, 2010.

续表 4-21

路径关系	非标准化系数	SE	CR	P
EXE5←EXE	0.901	0.080	11.283	***
ECP1←ECP	1.000	—	—	—
ECP2←ECP	1.018	0.117	8.710	***
ECP3←ECP	1.106	0.110	10.040	***
ECP4←ECP	1.050	0.113	9.265	***
ECP5←ECP	1.182	0.121	9.806	***
ECP6←ECP	0.995	0.109	9.137	***
ECP8←ECP	0.705	0.094	7.479	***
SOP1←SOP	1.000	—	—	—
SOP2←SOP	1.274	0.137	9.290	***
SOP3←SOP	1.396	0.156	8.940	***
SOP4←SOP	1.144	0.131	8.737	***
SOP5←SOP	1.255	0.140	8.971	***
SOP7←SOP	1.377	0.162	8.482	***
INP3←INP	1.000	—	—	—
INP4←INP	1.100	0.074	14.855	***
INP5←INP	1.127	0.077	14.712	***
INP6←INP	1.151	0.075	15.297	***
INP7←INP	1.088	0.072	15.001	***
INP8←INP	1.060	0.074	14.336	***
ECP←INC	0.753	0.091	8.239	***
SOP←INC	0.833	0.080	10.459	***
INP←INC	0.695	0.079	8.796	***
INC1←INC	1.000	—	—	—
INC2←INC	1.016	0.076	13.440	***
INC3←INC	0.782	0.071	10.976	***
INC5←INC	0.911	0.076	12.040	***
ECP←STF	0.839	0.106	7.949	***

续表4－21

路径关系	非标准化系数	SE	CR	P
SOP←STF	0.937	0.093	8.912	***
INP←STF	0.832	0.093	8.837	***
STF1←STF	1.000	—	—	—
STF3←STF	1.100	0.107	10.239	***
STF4←STF	1.079	0.095	11.377	***
STF5←STF	1.049	0.093	11.283	***
ECP←SLR	0.798	0.109	7.312	***
SOP←SLR	0.132	0.017	7.809	***
INP←SLR	0.847	0.099	8.530	***
SLR2←SLR	1.000	—	—	—
SLR3←SLR	1.005	0.098	10.260	***
SLR5←SLR	1.241	0.105	11.838	***
SLR6←SLR	1.036	0.104	9.966	***

注：*** 表示 $P<0.01$。

其次，需要对西部地区大型公共体育场馆运营管理绩效评价与影响因素初始结构测量模型配适度进行检验（见表4－22）。由检验结果可知，$\chi^2=1338.595$，$DF=576$，$\chi^2/DF=2.324$，模型配适度指标 $GFI=0.801$、$CFI=0.872$、$IFI=0.873$、$TLI=0.860$、$NFI=0.855$、$RMSEA=0.067$。其中，配适度指标 CFI、GFI、IFI、TLI 虽然已达到0.8的结构方程模型可接受标准，但为使研究结果更具科学性与准确性，将对初始结构测量模型进行修正，使模型配适度达到理想标准。

表4－22 初始结构测量模型配适度检验结果

指标	χ^2	DF	χ^2/DF	GFI	CFI	IFI	TLI	NFI	RMSEA
测量模型	1338.595	576	2.324	0.801	0.872	0.873	0.860	0.855	0.067
建议阈值	—	—	≤3.00	>0.90	>0.90	>0.90	>0.90	>0.90	<0.08
检验结果	—	—	符合	不符合	不符合	不符合	不符合	不符合	符合

4. 模型修正

在对初始结构测量模型拟合指数与路径关系显著性进行检验后，发现模型拟合指标欠佳，将采用修正指标（Modification Index，MI）对初始结构测量模型进行修正，使模型结构更加合理，拟合程度更加理想。通过对初试结构测量模型进行8次修正，模型配适度指标明显改善，如表4—23所示。

表4—23 修正后的结构测量模型配适度检验结果

指标	χ^2	DF	χ^2/DF	GFI	CFI	IFI	TLI	NFI	RMSEA
测量模型	1083.798	570	1.901	0.914	0.938	0.915	0.905	0.902	0.055
建议阈值	—	—	≤3.00	>0.90	>0.90	>0.90	>0.90	>0.90	<0.08
检验结果	—	—	符合	符合	符合	符合	符合	符合	符合

可以观察到，修正后的结构测量模型卡方值（χ^2）明显下降，配适度指标GFI、CFI、IFI、TLI、NFI均有所上升，达到结构方程模型的理想收敛标准，且修正后的结构测量模型中各路径关系均具有显著的统计学意义（见表4—24）。

表4—24 修正后的结构测量模型路径关系非标准化参数估计结果

路径关系	非标准化系数	SE	CR	P
ECP←EXE	0.671	0.086	7.815	***
SOP←EXE	0.555	0.076	7.274	***
INP←EXE	0.592	0.083	7.155	***
EXE1←EXE	1.000	—	—	—
EXE2←EXE	0.998	0.077	12.919	***
EXE3←EXE	0.984	0.086	11.405	***
EXE4←EXE	0.917	0.082	11.242	***
EXE5←EXE	0.942	0.080	11.786	***
ECP1←ECP	1.000	—	—	—
ECP2←ECP	1.035	0.117	8.856	***
ECP3←ECP	1.145	0.111	10.340	***

续表4-24

路径关系	非标准化系数	SE	CR	P
ECP4←ECP	1.030	0.111	9.277	***
ECP5←ECP	1.157	0.118	9.819	***
ECP6←ECP	0.996	0.107	9.012	***
ECP8←ECP	0.746	0.095	7.845	***
SOP1←SOP	1.000	—	—	—
SOP2←SOP	1.296	0.136	9.559	***
SOP3←SOP	1.406	0.153	9.217	***
SOP4←SOP	1.143	0.127	8.961	***
SOP5←SOP	1.225	0.134	9.109	***
SOP7←SOP	1.382	0.158	8.736	***
INP3←INP	1.000	—	—	—
INP4←INP	1.099	0.074	14.790	***
INP5←INP	1.124	0.077	14.631	***
INP6←INP	1.148	0.075	15.290	***
INP7←INP	1.095	0.072	15.127	***
INP8←INP	1.069	0.074	14.473	***
ECP←INC	0.724	0.080	9.015	***
SOP←INC	0.625	0.074	8.442	***
INP←INC	0.631	0.076	8.344	***
INC1←INC	1.000	—	—	—
INC2←INC	1.017	0.083	12.268	***
INC3←INC	0.803	0.077	10.468	***
INC5←INC	1.096	0.083	13.157	***
ECP←STF	0.810	0.094	8.648	***
SOP←STF	0.756	0.088	8.563	***
INP←STF	0.750	0.089	8.452	***
STF1←STF	1.000	—	—	—
STF3←STF	0.849	0.083	10.250	***
STF4←STF	0.858	0.071	12.061	***
STF5←STF	0.867	0.070	12.375	***

续表4-24

路径关系	非标准化系数	SE	CR	P
ECP←SLR	0.770	0.098	7.865	***
SOP←SLR	0.149	0.362	1.986	***
INP←SLR	0.771	0.095	8.115	***
SLR2←SLR	1.000	—	—	—
SLR3←SLR	0.977	0.090	10.901	***
SLR5←SLR	1.217	0.098	12.373	***
SLR6←SLR	1.037	0.096	10.767	***

注：*** 表示 $P<0.01$。

三、西部地区大型公共体育场馆运营管理绩效评价实证研究

（一）指标权重计算

主成分赋权法是构建绩效权重体系时最常用的权重确定方法，本研究将采用该方法对西部地区大型公共体育场馆运营管理绩效评价指标体系进行权重计算。

首先，通过探索性因子分析，共提取到3个公因子，总方差解释率为59.932%（见表4-8），且3个公因子分别被命名为"经济绩效""社会绩效""创新绩效"。根据探索性因子分析结果对3个公因子的权重进行归一化处理，计算出西部地区大型公共体育场馆运营管理绩效评价指标体系中经济绩效、社会绩效、创新绩效3个维度的权重系数（W）如下所示：

经济绩效权重系数：23.232/（23.232+18.453+18.247）=0.39

社会绩效权重系数：18.453/（23.232+18.453+18.247）=0.31

创新绩效权重系数：18.247/（23.232+18.453+18.247）=0.30

其次，采用验证性因子分析非标准化参数估计结果（见表4-14）对西部地区大型公共体育场馆运营管理绩效评价指标体系中各测量变量权重进行归一化处理，计算结果如表4-25所示。

表4-25 西部地区大型公共体育场馆运营管理绩效评价指标权重系数

维度名称	权重系数（W）	指标名称	权重系数（W）
经济绩效（ECP）	0.39	ECP1	0.14
		ECP2	0.13
		ECP3	0.15
		ECP4	0.13
		ECP5	0.15
		ECP6	0.13
		ECP8	0.17
社会绩效（SOP）	0.31	SOP1	0.18
		SOP2	0.17
		SOP3	0.17
		SOP4	0.15
		SOP5	0.17
		SOP7	0.16
创新绩效（INP）	0.30	INP3	0.15
		INP4	0.17
		INP5	0.17
		INP6	0.18
		INP7	0.17
		INP8	0.17

（二）指标得分归一化处理与绩效总分方程式处理

1. 指标得分归一化处理

开展后续实证检验与分析之前，将对指标得分进行归一化处理，以便于横向比较（得分越高，表明大型公共体育场馆运营管理绩效越好）。具体方法如下：

一是由于样本数据存在量纲不一致的问题，需要对样本数据进行指标类型一致化与无量纲化处理。基于此，选用Z-score标准化法对样本数据进行无量纲化处理。二是西部各省（自治区、直辖市）大型公共体育场馆运营管理绩效评价指标体系中各指标得分，为相应的观察样本具体测量数值相加后求取平均值并进行标准化处理获得。三是西部各省（自治区、直辖市）大型公共体育场馆各维度绩效得分，由各维度之中各评价指标测量数值加权后相加，然后乘以各维度权重系数获得。

2. 绩效总分方程式处理

根据所构建的二阶测量模型收敛与拟合结果，对西部地区大型公共体育场馆运营管理绩效得分进行方程化处理。将西部地区大型公共体育场馆运营管理绩效总分设为因变量（Q_1），将经济绩效、社会绩效、创新绩效分别设为自变量A_1、A_2、A_3。根据二阶测量模型参数估计结果可知，社会绩效（A_2）对运营绩效（Q_1）的标准化因子载荷最高，为0.91；经济绩效（A_1）对运营绩效（Q_1）的标准化因子载荷为0.76；创新绩效（A_3）对运营绩效（Q_1）的标准化因子载荷为0.78。因此，西部地区大型公共体育场馆运营管理绩效得分计算方程式为：$Q_1=0.76A_1+0.91A_2+0.78A_3$。

（三）西部地区大型公共体育场馆运营管理绩效评价实证结果

1. 经济绩效

首先，采用Z-score标准化法对样本数据进行处理，得到西部地区各省（自治区、直辖市）大型公共体育场馆经济绩效评价指标测量数值标准化结果（见表4-26）。

表4-26 西部地区大型公共体育场馆经济绩效评价指标测量数值标准化结果

地区	ECP1	ECP2	ECP3	ECP4	ECP5	ECP6	ECP8
四川	0.8354	0.6360	0.4517	1.0000	0.2679	0.9904	0.6350
陕西	1.0000	0.6987	0.6307	0.8978	0.2230	0.8719	0.6191
重庆	0.8155	0.6067	0.6733	0.9632	0.6080	0.8987	0.6767

续表4-26

地区	ECP1	ECP2	ECP3	ECP4	ECP5	ECP6	ECP8
云南	0.2656	0.9414	0.6932	0.4472	0.7846	0.5309	0.8462
广西	0.6744	0.6067	0.2642	0.9678	0.1103	0.9405	0.6181
内蒙古	0.8009	0.2512	0.5341	0.8386	0.4974	0.5337	0.6697
贵州	0.6300	0.2093	0.5114	0.8429	0.4415	0.8378	0.8777
新疆	0.7258	0.1213	0.6307	0.9271	0.1130	0.7335	0.7665
甘肃	0.6744	0.6067	0.2642	0.9678	0.0101	0.9405	0.6181
宁夏	0.2792	0.4142	0.6023	0.5899	0.1735	0.3474	0.7652
青海	0.4491	0.8787	0.5795	0.5172	0.4855	0.5370	0.4996
西藏	0.2707	0.5188	0.1364	0.5712	0.6584	0.7590	0.4732

其次，根据经济绩效评价指标标准化结果与指标权重系数计算出西部地区各省（自治区、直辖市）大型公共体育场馆经济绩效评价各测量指标得分，然后结合经济绩效维度权重系数计算出西部地区各省（自治区、直辖市）大型公共体育场馆经济绩效总分，结果如表4-27所示。可以发现，西部地区各省（自治区、直辖市）大型公共体育场馆经济绩效评价得分排名（由高到低）为：重庆、陕西、四川、云南、贵州、内蒙古、广西、新疆、甘肃、青海、西藏、宁夏。从地域划分来看，西南地区大型公共体育场馆经济绩效总体水平最高，内蒙古、广西次之，西北地区最低。

表4-27 西部地区大型公共体育场馆经济绩效评价结果

地区	ECP1	ECP2	ECP3	ECP4	ECP5	ECP6	ECP8	总分	加权总分	排序
四川	0.117	0.083	0.068	0.130	0.040	0.129	0.108	0.675	0.263	3
陕西	0.140	0.091	0.095	0.117	0.033	0.113	0.105	0.694	0.271	2
重庆	0.114	0.079	0.101	0.125	0.091	0.117	0.115	0.742	0.290	1
云南	0.037	0.122	0.104	0.058	0.118	0.069	0.144	0.652	0.254	4
广西	0.094	0.079	0.040	0.126	0.017	0.122	0.105	0.583	0.227	7
内蒙古	0.112	0.033	0.080	0.109	0.075	0.069	0.114	0.592	0.231	6
贵州	0.088	0.027	0.077	0.110	0.066	0.109	0.149	0.626	0.244	5

续表4-27

地区	ECP1	ECP2	ECP3	ECP4	ECP5	ECP6	ECP8	总分	加权总分	排序
新疆	0.102	0.016	0.095	0.121	0.017	0.095	0.130	0.575	0.224	8
甘肃	0.094	0.079	0.040	0.126	0.002	0.122	0.105	0.568	0.221	9
宁夏	0.039	0.054	0.090	0.077	0.026	0.045	0.130	0.461	0.180	12
青海	0.063	0.114	0.087	0.067	0.073	0.070	0.085	0.559	0.218	10
西藏	0.038	0.067	0.020	0.074	0.099	0.099	0.080	0.478	0.186	11

2. 社会绩效

首先，采用Z-score标准化法对样本数据进行处理，获得西部地区各省（自治区、直辖市）大型公共体育场馆社会绩效评价指标测量数值标准化结果（见表4-28）。

表4-28 西部地区大型公共体育场馆社会绩效评价指标测量数值标准化结果

地区	SOP1	SOP2	SOP3	SOP4	SOP5	SOP7
四川	0.5292	0.4500	0.8084	0.7353	0.8432	0.6213
陕西	0.5993	0.6000	0.9094	0.5974	0.5886	0.4331
重庆	0.5746	0.4500	0.8342	0.9596	0.8656	0.7992
云南	0.3438	0.3000	0.6968	0.5827	0.5866	0.4142
广西	0.3952	0.2012	0.5074	0.5967	0.4821	0.4603
内蒙古	0.4491	0.1500	0.6640	0.5680	0.5255	0.4393
贵州	0.3800	0.2764	0.6250	0.4871	0.4766	0.4142
新疆	0.2656	0.1167	0.6348	0.4926	0.4358	0.3870
甘肃	0.2500	0.2500	0.5349	0.2408	0.1079	0.1799
宁夏	0.4662	0.1500	0.5559	0.2390	0.1303	0.2029
青海	0.0403	0.1667	0.5046	0.1471	0.0692	0.1956
西藏	0.0801	0.2667	0.5514	0.1581	0.1201	0.1778

其次，根据社会绩效评价指标标准化结果与指标权重系数计算出西部地区各省（自治区、直辖市）大型公共体育场馆社会绩效评价各测量指标得分，然

后结合社会绩效维度权重系数计算出西部地区各省（自治区、直辖市）大型公共体育场馆社会绩效总分，结果如表4－29所示。可以发现，西部地区各省（自治区、直辖市）大型公共体育场馆社会绩效评价得分排名（由高到低）为：重庆、四川、陕西、云南、内蒙古、贵州、广西、新疆、宁夏、甘肃、西藏、青海。从地域划分来看，西南地区大型公共体育场馆社会绩效总体水平最高，内蒙古、广西次之，西北地区最低。

表4－29 西部地区大型公共体育场馆社会绩效评价结果

地区	SOP1	SOP2	SOP3	SOP4	SOP5	SOP7	总分	加权总分	排序
四川	0.095	0.077	0.137	0.110	0.143	0.099	0.662	0.205	2
陕西	0.108	0.102	0.155	0.090	0.100	0.069	0.623	0.193	3
重庆	0.103	0.077	0.142	0.144	0.147	0.128	0.741	0.230	1
云南	0.062	0.051	0.118	0.087	0.100	0.006	0.485	0.150	4
广西	0.071	0.034	0.086	0.090	0.082	0.074	0.437	0.135	7
内蒙古	0.081	0.026	0.113	0.085	0.089	0.070	0.464	0.144	5
贵州	0.068	0.047	0.106	0.073	0.081	0.066	0.442	0.137	6
新疆	0.048	0.020	0.108	0.074	0.074	0.062	0.385	0.119	8
甘肃	0.045	0.043	0.091	0.036	0.018	0.029	0.262	0.081	10
宁夏	0.084	0.026	0.095	0.036	0.022	0.032	0.294	0.091	9
青海	0.007	0.028	0.086	0.022	0.012	0.031	0.187	0.058	12
西藏	0.014	0.045	0.094	0.024	0.020	0.028	0.226	0.070	11

3. 创新绩效

首先，采用Z-score标准化法对样本数据进行处理，获得西部地区各省（自治区、直辖市）大型公共体育场馆创新绩效评价指标测量数值标准化结果（见表4－30）。

表4－30 西部地区大型公共体育场馆创新绩效评价指标测量数值标准化结果

地区	INP3	INP4	INP5	INP6	INP7	INP8
四川	0.9427	0.6712	0.7286	0.9991	0.9968	0.9887

续表4-30

地区	INP3	INP4	INP5	INP6	INP7	INP8
陕西	0.8248	0.6422	0.3980	0.9785	0.9541	0.9543
重庆	0.8762	0.6797	0.4321	0.9951	0.9896	0.9906
云南	0.4543	0.6354	0.6982	0.9604	0.9320	0.8453
广西	0.3536	0.4872	0.2292	0.9723	0.9224	0.8995
内蒙古	0.2988	0.5707	0.4830	0.9601	0.8952	0.6903
贵州	0.3047	0.5997	0.7190	0.9605	0.9013	0.7549
新疆	0.1009	0.5843	0.6599	0.9004	0.8650	0.6243
甘肃	0.1106	0.1261	0.7200	0.9143	0.8534	0.4958
宁夏	0.1255	0.1414	0.4304	0.8934	0.8066	0.7559
青海	0.1451	0.1562	0.5605	0.9015	0.7968	0.5476
西藏	0.0668	0.1397	0.4071	0.8145	0.7247	0.7071

其次，根据创新绩效评价指标标准化结果与指标权重系数计算出西部地区各省（自治区、直辖市）大型公共体育场馆创新绩效评价各测量指标得分，然后结合创新绩效维度权重系数计算出西部地区各省（自治区、直辖市）大型公共体育场馆创新绩效总分，结果如表4-31所示。可以发现，西部地区各省（自治区、直辖市）大型公共体育场馆社会绩效评价得分排名（由高到低）为：四川、重庆、陕西、云南、贵州、内蒙古、广西、新疆、甘肃、宁夏、青海、西藏。从地域划分来看，仍然是西南地区大型公共体育场馆创新绩效总体水平最高，内蒙古、广西次之，西北地区最低。

表4-31 西部地区大型公共体育场馆创新绩效评价结果

地区	INP3	INP4	INP5	INP6	INP7	INP8	总分	加权总分	排序
四川	0.141	0.114	0.124	0.180	0.169	0.168	0.897	0.269	1
陕西	0.124	0.109	0.068	0.176	0.162	0.162	0.801	0.240	3
重庆	0.131	0.116	0.073	0.018	0.168	0.168	0.836	0.251	2
云南	0.068	0.108	0.119	0.173	0.158	0.144	0.770	0.231	4
广西	0.053	0.083	0.039	0.175	0.157	0.153	0.660	0.198	7

续表4-31

地区	INP3	INP4	INP5	INP6	INP7	INP8	总分	加权总分	排序
内蒙古	0.045	0.097	0.082	0.173	0.152	0.117	0.666	0.200	6
贵州	0.046	0.102	0.122	0.173	0.153	0.128	0.724	0.217	5
新疆	0.015	0.099	0.112	0.162	0.147	0.106	0.642	0.193	8
甘肃	0.017	0.021	0.122	0.165	0.145	0.084	0.554	0.166	9
宁夏	0.019	0.024	0.073	0.161	0.137	0.129	0.542	0.163	10
青海	0.022	0.027	0.095	0.162	0.135	0.093	0.534	0.160	11
西藏	0.010	0.024	0.069	0.147	0.123	0.120	0.493	0.147	12

4. 总体绩效

在获得西部地区各省（自治区、直辖市）大型公共体育场馆经济绩效、社会绩效、创新绩效评价结果的基础上，即可对总体绩效进行计算，结果如表4-32所示。可以看出，西部地区各省（自治区、直辖市）大型公共体育场馆运营管理总体绩效评价得分排名（由高到低）为：重庆、四川、陕西、云南、贵州、内蒙古、广西、新疆、甘肃、宁夏、青海、西藏。从地域划分来看，同样是西南地区大型公共体育场馆运营管理总体绩效水平最高，内蒙古、广西两自治区次之，西北地区总体绩效水平最低。

表4-32 西部地区大型公共体育场馆运营管理总体绩效评价结果

地区	经济绩效	社会绩效	创新绩效	加权总得分	排序
四川	0.200	0.187	0.210	0.597	2
陕西	0.206	0.176	0.187	0.569	3
重庆	0.220	0.209	0.196	0.625	1
云南	0.193	0.137	0.180	0.510	4
广西	0.173	0.123	0.154	0.450	7
内蒙古	0.176	0.131	0.156	0.463	6
贵州	0.185	0.125	0.169	0.479	5
新疆	0.170	0.108	0.151	0.429	8

续表4-32

地区	经济绩效	社会绩效	创新绩效	加权总得分	排序
甘肃	0.168	0.074	0.129	0.371	9
宁夏	0.137	0.083	0.127	0.347	10
青海	0.166	0.053	0.125	0.343	11
西藏	0.141	0.064	0.115	0.320	12

四、西部地区大型公共体育场馆运营管理绩效影响因素假设检验

（一）外部环境因素假设检验

1. 路径系数检验

从外部环境因素对西部地区大型公共体育场馆运营管理绩效影响的标准化路径系数（β）来看（见表4-33），"外部环境（EXE）→经济绩效（ECP）""外部环境（EXE）→社会绩效（SOP）""外部环境（EXE）→创新绩效（INP）"的标准化路径系数介于0.518~0.666之间，且均具有显著的统计学意义（$P<0.01$）。因此，假设H1a、H1b、H1c得到支持。

表4-33 外部环境因素假设检验标准化参数估计结果

路径关系	标准化路径系数（β）	T值	P	检验结果
ECP←EXE	0.641	7.815	***	支持
SOP←EXE	0.666	7.274	***	支持
INP←EXE	0.518	7.155	***	支持

注：*** 表示 $P<0.01$。

2. 检验结果分析

上述假设检验结果表明，外部环境因素对西部地区大型公共体育场馆的经

济绩效、社会绩效、创新绩效均产生了显著的正向影响，且影响程度从大到小依次为：社会绩效、经济绩效、创新绩效。该研究结论印证了外部环境对组织绩效的正向影响作用（钟竞，2007；张振刚，2011；刘明珠，2020）。这说明外部环境动态性与竞争性等的增大，会促使组织运营者开展较高水平的经营、利用与创新活动，进而增强抵御外部环境动态性的能力，以此获得竞争优势，促进运营管理绩效水平的提升。因此，西部地区大型公共体育场馆在运营管理实践中需要重视外部环境因素带来的影响，构建出符合自身发展实际的治理结构、机制，以应对复杂多变的外部环境，实现运营管理绩效水平的提升。

（二）内部控制因素假设检验

1. 路径系数检验

从内部控制因素对西部地区大型公共体育场馆运营管理绩效影响的标准化路径系数（β）来看（见表4-34），"内部控制（INC）→经济绩效（ECP）""内部控制（INC）→社会绩效（SOP）""内部控制（INC）→创新绩效（INP）"的标准化路径系数介于0.625~0.724之间，且均具有显著的统计学意义（$P<0.01$）。因此，假设H2a、H2b、H2c得到支持。

表4-34 内部控制因素假设检验标准化参数估计结果

路径关系	标准化路径系数（β）	T值	P	检验结果
ECP←INC	0.724	9.015	***	支持
SOP←INC	0.625	8.442	***	支持
INP←INC	0.631	8.344	***	支持

注：*** 表示 $P<0.01$。

2. 检验结果分析

上述假设检验结果表明，内部控制因素对西部地区大型公共体育场馆的经济绩效、社会绩效、创新绩效均起到了显著的正向影响作用，且影响程度从大至小依次为：经济绩效、创新绩效与社会绩效。该研究结论与现有研究成果相符合（田利军，2015；庞博，2020；苏剑，2020），说明有效的内部控制是提升西部地区大型公共体育场馆运营管理绩效的关键因素，是保障大型公共体育场馆利益相关者诉求的重要手段。因此，在西部地区大型公共体育场馆运营管理过程中应着力将内部控制嵌入各个层级与环节之中，构建一套集执行、控制、沟通、监督、反馈于一体的内部控制体系，有效提高场馆运营能力，降低代理成本和决策风险，从而提升运营管理绩效。

（三）战略柔性因素假设检验

1. 路径系数检验

从战略柔性因素对西部地区大型公共体育场馆运营管理绩效影响的标准化路径系数（β）来看（见表4-35），"战略柔性（STF）→经济绩效（ECP）""战略柔性（STF）→社会绩效（SOP）""战略柔性（STF）→创新绩效（INP）"的标准化路径系数介于0.638~0.851之间，且全部具有显著的统计学意义（$P<0.01$）。因此，假设H3a、H3b、H3c得到支持。

表4-35　战略柔性因素假设检验标准化参数估计结果

路径关系	标准化路径系数（β）	T值	P	检验结果
ECP←STF	0.752	8.648	***	支持
SOP←STF	0.851	8.563	***	支持
INP←STF	0.638	8.452	***	支持

注：*** 表示 $P<0.01$。

2. 检验结果分析

上述假设检验结果表明，战略柔性因素对西部地区大型公共体育场馆的经济绩效、社会绩效、创新绩效均产生了显著的正向影响，且影响程度从大到小依次为：社会绩效、经济绩效、创新绩效。该研究结论印证了现有研究成果（马丽，2019；孙丽文，2019；任相伟，2020），说明西部地区大型公共体育场馆运营管理活动处于一种既动态又复杂的经济社会环境中，为了更好地应对动态且复杂的环境变化，平稳实现高质量发展，应当构建起一种抵御能力，而这种能力正是战略柔性。因此，西部地区大型公共体育场馆在运营管理实践中应充分重视战略柔性，使战略柔性水平与场馆战略选择相匹配，同时还需不断优化管理理念与组织架构，使场馆运营管理活动更加灵活，以保障运营管理绩效有效提升。

（四）冗余资源因素假设检验

1. 路径系数检验

从冗余资源因素对西部地区大型公共体育场馆运营管理绩效影响的标准化路径系数来看（见表4－36），"冗余资源（SLR）→经济绩效（ECP）""冗余资源（SLR）→创新绩效（INP）"的标准化路径系数分别为0.236、0.378，且具有显著的统计学意义（$P<0.01$），因此，假设H4a、H4c得到支持。而"冗余资源（SLR）→社会绩效（SOP）"的标准化路径系数为0.182，P值为0.618，不具有统计学意义，假设H4b被拒绝。

表4－36 冗余资源因素假设检验标准化参数估计结果

路径关系	标准化路径系数（β）	T值	P	检验结果
ECP←SLR	0.236	3.178	***	支持
SOP←SLR	0.182	2.174	0.681	拒绝
INP←SLR	0.378	4.915	***	支持

注：*** 表示 $P<0.01$。

2. 检验结果分析

上述假设检验结果表明，冗余资源因素对西部地区大型公共体育场馆的经济绩效、创新绩效起到了显著的正向作用。该研究结论与现有研究成果相一致（张庆垒，2015；于晓宇，2017；贡文伟，2020），说明西部地区大型公共体育场馆在运营管理实践中应当注重冗余资源的开发。与现有研究结论不相符的是，冗余资源并未对社会绩效产生显著的正向影响，这可能是沉淀性冗余资源的影响所致。沉淀性冗余资源作为大型公共体育场馆内部以成本形式存在的资源，其流动性与灵活性较差。大型公共体育场馆是一种组织实体，在运营管理活动中，为保持竞争优势，组织内部各部门之间会对有限资源进行争夺，促使各部门之间协调成本增大，且由于各部门之间存在着优胜劣汰，势必造成有限资源向更能带来技术创新与经济效益的部门倾斜，从而导致社会绩效的降低。因此，西部地区大型公共体育场馆在运营管理实践中不仅需要保持充足的非沉淀性冗余资源，以应对外部环境动荡带来的冲击，保障经济绩效与创新绩效的提高，同时也应当注重沉淀性冗余资源的开发利用，通过优化预算、管理控制等手段提高资源配置利用效率，发挥其在社会责任方面的重要功能，实现社会绩效的提升。

第五章　西部地区大型公共体育场馆运营管理绩效提升对策

第四章完成了对西部地区大型公共体育场馆运营管理绩效的评价与研究假设的实证检验，探明了西部地区大型公共体育场馆运营管理绩效的主要影响因素。本章将在此基础上，借鉴国内外相关研究成果，针对外部环境、内部控制、战略柔性、冗余资源等绩效影响因素，以及西部地区大型公共体育场馆运营管理实践中所面临的现实问题，提出绩效提升对策，以期为西部地区大型公共体育场馆高质量发展提供理论参考。

一、重视外部环境影响，形成协调合作动力机制

西部地区大型公共体育场馆运营管理始终处于复杂、动态的外部环境之中，外部环境的变化在为场馆发展带来多重挑战的同时，也带来了转型升级的契机。因此，西部地区大型公共体育场馆在运营管理实践中需要格外重视与外部环境之间的交互效应，时刻观察外部环境动态性与宽容性的变化，实现运营战略与外部环境相互匹配，形成协调合作动力，以此获得竞争优势。

首先，从整体来看，一是在感知到外部环境动态性处于较高水平时，需要加大多种资源整合力度，形成与外部环境因素持续协调合作的动力机制，积极吸收来自外部环境的多样化资源，并将其与自身已有资源储备相结合，从而进一步提升运营管理绩效。二是在感知到外部环境宽容性处于较高水平时，场馆运营者需要注意避免可能产生的外部环境资源吸收过度所带来的运营负担与成本上升问题。

其次，从具体实践来看，对于新建大型公共体育场馆而言，需要强化组织间沟通，并同外部环境之中的其他组织、机构密切交往。沟通方式主要可分为正式沟通与非正式沟通两种形式。正式沟通是指大型公共体育场馆运营者在政策法规允许范围内，通过组织交流会、培训会、研讨班、展示会等方式与供应商、竞争者、消费者进行交流互动，从而及时掌握大型公共体育场馆供求动态变化，使场馆发展能够更加便捷地获取外部环境之中的瞬时资源。非正式沟通则是指以实地走访、市场调研等形式与供应商、竞争者、消费者等外部环境中的利益相关者进行交流互动，以此提高信息收集能力、外部环境变化感知敏感度与资源调配水平。对于已建成大型公共体育场馆而言，这类场馆已经同所处环境中的各类组织建立了一定的互动关系。这时，无论是场馆运营管理者，还是每位普通员工，都需要秉持"合作共赢"的运营理念，并在此基础上不断加强与外部组织（外部利益相关者）之间的友好沟通，保持与外部环境中具有相似组织文化、组织语言的主体之间的思想沟通与价值分享，为进一步开展深度交流与合作打牢基础。同时，在合作过程中，各组织应坚持善意互信，建立互利共赢的工作氛围，积极参与组织间的协调与合作，维持发掘外部环境资源的主动性，寻求长期稳定的合作发展战略，以此增强大型公共体育场馆适应外部环境变化的能力。

最后，西部地区大型公共体育场馆在运营管理实践中应当立足于本地实际，不断强化核心竞争力，以此获得运营管理绩效水平的提升。一是需要保持对外部环境变化的高度敏感性，在深入分析经济、政治、社会、技术、竞争环境变化的基础上，结合自身特点调整运营战略方向。二是要重视服务产品研发投入，针对不同客户群体的多样化、个性化需求不断拓展体育服务业务范围，积极研发具有市场潜力的体育服务产品，通过推陈出新的方式，增强对外部环境动荡的抵御力，为实现可持续发展提供坚实保障。

二、加强内部控制建设，优化组织运营管理体系

首先，加强内部控制建设的前提与核心是营造优良的内部控制环境，塑造和谐的文化氛围。具体可以从以下几个方面展开：一是对运营管理人员的考核

机制应体现内部控制环境建设相关内容。尤其要关注组织文化塑造，这是西部地区大型公共体育场馆内部控制环境建设的核心内容，决定了组织内部环境建设的总体思想。场馆运营管理规则、制度的执行均与组织文化密切相关。荷兰管理学家吉尔特·霍夫斯塔德（Geert Hofstede）在研究组织文化对组织绩效的影响机制时指出，组织文化能够有效缓解组织与利益相关者之间的矛盾。[①]由于西部地区大型公共体育场馆运营管理决策执行效果会受到组织管理行为人的理念影响，在制度约束不足的情况下，组织文化正是对制度约束力的有效补充。二是更新管理理念，革新价值模式。西部地区大型公共体育场馆运营管理人员应不断更新运营管理哲学，通过学习、培训、交流等多种途径优化运营管理理念，革新价值模式，以此不断提升大型公共体育场馆的软实力。三是西部地区大型公共体育场馆运营管理人员应重视内外部环境调研，并对调研结果进行深度分析，形成调研报告，以此保障内部控制建设的有效性。

其次，加强内部控制建设的关键是明确管理人员的权责。完善的内部控制制度是防止管理失范的有效工具，因此，在西部地区大型公共体育场馆的运营管理实践中，应当从制度层面对运营管理人员的权责进行明确，避免推诿、渎职等行为发生，以此促进场馆运营管理人员真正发挥带头作用，关注内部控制建设，提高内部控制质量，从而获得运营管理整体绩效水平的上升。

最后，加强内部控制建设的重点在于提升运营管理人员素质。现有研究指出，管理人员的素质、内部控制质量与组织绩效水平呈正相关关系。[②]在西部地区大型公共体育场馆运营管理过程中，可以采用激励手段持续提升运营管理人员素质，来帮助其增强核心竞争力。现代组织理论强调，组织核心能力的提升依赖于组织管理人员针对组织运营管理制定的长期战略。在西部地区大型公共体育场馆运营管理实践中，优秀的运营管理人员正是场馆运营的竞争优势所在。但是，目前大量场馆由于管理制度不完善、不合理，尚未形成创造长期价值的激励机制，导致场馆管理人员流动性过高，专业管理人才极度缺乏。因

---

① 霍夫斯坦德. 跨越合作的障碍：多元文化与管理［M］. 尹毅夫，等译. 北京：科学出版社，1996.

② 白默，李海英. 企业内部控制质量对上市公司经营绩效影响研究——基于制造业上市公司的实证研究［J］. 管理世界，2017（9）：176－177.

此，要改变西部地区大型公共体育场馆运营管理现状，需要施行合理的场馆运营管理人员任期机制，以保障场馆运营管理人员在任期内实现更高目标。此外，运营管理人员作为大型公共体育场馆运营的领头羊，其管理意识、运营理念、沟通方式都会对员工工作态度与组织运营效率产生影响。因此，加强内部控制建设，改善内部控制质量，实现组织战略目标与运营管理绩效增长，均离不开长期稳定且综合素质高的场馆运营管理人员。

三、提升战略柔性动能，增强应对变革挑战能力

所谓战略柔性，是在原有战略的基础上，通过组织能力的提高使组织战略获得有效调整，以适应并利用环境的变化。目前我国正处于重要战略机遇期，也处于产业转型关键期，西部地区大型公共体育场馆运营管理面临的内外部环境动态性与复杂性显著增强。场馆运营管理一方面需要时刻注意外部环境的动态变化，另一方面则需对场馆内部组织结构进行调整，以增强场馆对环境的适应能力，使运营管理绩效获得增长。前文通过实证研究证明了战略柔性对西部地区大型公共体育场馆经济绩效、社会绩效、创新绩效有着显著的积极影响。因此，面对激烈的市场竞争与人民群众日益增长的体育健身需求，西部地区大型公共体育场馆运营管理应当提升战略柔性，把握产业转型与消费升级带来的发展机遇，对外部环境变化做出快速响应，以此提升运营管理绩效。

首先，西部地区大型公共体育场馆运营管理人员应当意识到战略柔性的重要性，将战略柔性视为场馆应对环境变革挑战的调节剂，努力顺应外部环境复杂变化，在运营管理实践中更好地利用现有资源，把握转瞬即逝的发展机会，从而提升运营管理绩效。

其次，需要加大"碎片化"资源的搜集与整理力度，适当储备柔性资源。这不仅能够为构建西部地区大型公共体育场馆混合型战略柔性机制夯实基础，而且能够实现战略柔性的科学运用，避免边际效益递减问题。

最后，西部地区大型公共体育场馆运营管理人员在培育战略柔性时，对前瞻性柔性、资源性柔性、能力性柔性与协调性柔性都应当予以高度重视，并结合环境动态特征选择适合的战略柔性类型，以提升运营管理绩效。现有研究结

果显示，在外部环境动态性较高或较低时，分别采用前瞻性战略柔性与能力性战略柔性对组织运营绩效提升有着积极影响；在外部环境变化不可预测性较高或较低时，采用协调性战略柔性与资源性战略柔性会对组织运营绩效起到一定的积极作用。[①] 因此，西部地区大型公共体育场馆运营管理人员必须清楚认识到场馆运营外部环境的动态特征，并选择与之匹配的战略柔性类型，以保障场馆综合竞争力与运营管理绩效的提升。

四、科学配置冗余资源，提高场馆资源利用效率

冗余资源是一种独特资源，在组织运营管理中，如果对冗余资源缺少认知或配置不当则容易对组织发展产生负向影响。首先，在西部地区大型公共体育场馆运营管理实践中，应对冗余资源进行科学配置，进一步挖掘场馆存量资源，尤其是对场馆闲置资源进行重新配置，以提高场馆资源利用效率，达到促进运营管理整体绩效提升的目标。其次，可以将冗余资源视为一种互补性资产，用于降低服务产品创新风险，提升场馆运营管理实践效果，使场馆能够更大程度地将发展战略落实于运营管理行为之中，以此提升场馆资源整合能力、环境适应能力与服务产品创新能力。

具体来讲，一是需要建立健全激励机制，激励场馆运营管理人员最大限度发挥合理调配冗余资源的能力。冗余资源的存在与组织运营管理人员的心理倦怠呈正向关联，健全合理的激励机制可以将场馆运营管理人员的利益与场馆运营管理绩效水平挂钩，有效激发场馆运营管理人员的工作热情，使之主动对场馆冗余资源进行深度挖掘、开发利用与升级改造，以此将冗余资源转化为可利用资源进行资源再配置，从而提高场馆资源流动性。二是需对场馆冗余资源进行科学合理细分。现有研究表明，不同类型的冗余资源对组织绩效的影响不尽

[①] 范志刚. 基于企业网络的战略柔性与企业创新绩效提升机制研究［D］. 杭州：浙江大学，2010.

相同。① 因此，在场馆运营管理实践中需要对冗余资源进行科学合理细分。非沉淀性冗余资源拥有较高的判别性与灵活性，对场馆服务产品改进与创新均具有正向影响。这表明在场馆运营管理中需要将更多资金投入到非沉淀性冗余资源挖掘与开发之中，为场馆进行服务产品创新和服务流程创新提供支持。而沉淀性冗余资源的作用也不容忽视。西部地区大型公共体育场馆运营管理需要始终坚持以消费者需求为导向，将可持续发展理念渗透至场馆运营管理的每个环节之中，不断对沉淀性冗余资源进行深度挖掘，实现对现有服务与产品的改造升级，使其能够最大限度发挥效用，帮助场馆建立差异化竞争优势，以此获得运营管理绩效提升。三是场馆应采取"轻资产"运营管理模式，将流动资产保持在一定水平线上，对场馆运营管理中非必要的人员、设备、部门等进行裁撤，以防止沉淀性冗余资源的积累。四是应当破除传统所有权控制的思维禁锢，建立起现代企业管理制度。例如，可采用股权融资的形式来降低场馆资产负债率。五是在场馆运营管理实践中应当克制非理性扩张，特别是保持固定资产投资理性，尽可能通过外包或动态联盟的方式来获取场馆运营管理所需资源，而自身则需加大对体育服务创新活动的关注，以培养和提升自身核心市场竞争力。

五、加速场馆智慧赋能，推动场馆数字转型升级

优化西部地区大型公共体育场馆运营管理绩效水平的根本目的在于提高人民群众的生活水平，满足人民群众日益增长的体育健身需求。在资源、管理、服务等要素禀赋结构发生深刻变化的当下，西部地区大型公共体育场馆发展不平衡不充分问题较为突出。想要解决此问题，实现其充分且平衡的发展，关键在于"量与质""速度与结构"的有机统一，本质上要求西部地区大型公共体

---

① VANACKER T, COLLEWAERT V, PAELEMAN I. The relationship between slack resources and the performance of entrepreneurial firms: the role of venture capital and angel investors [J]. Journal of Management Studies, 2013, 50 (6): 1070-1096.

育场馆运营管理发展方式的更新升级。[①] 生产决定消费，消费反作用于再生产。针对西部地区大型公共体育场馆运营管理实践中存在的服务水平不高、利用情况不好、配套设施不全等现实问题，创新驱动技术结构升级，加速场馆智慧赋能，推动场馆数字转型升级，是解决问题的可行之道。

西部地区大型公共体育场馆的智慧化转型升级不是机械的技术堆砌，而是需要各个关键要素的共同配合。大数据、物联网（IoT）、人工智能（AI）技术是塑造智慧体育场馆的科技支撑。一是在智慧资源赋能方面，西部地区大型公共体育场馆在硬件层面应积极融入5G、大数据、物联网、人工智能、虚拟现实（VR）等现代高新科学技术，实现场馆智能硬件与业务的有效契合，完成其硬件层面的高端建设与转型升级，以达到降低场馆能耗与人力管理成本的目标。二是在软件层面，西部地区大型公共体育场馆可以在场馆订场、会员管理、场馆商业以及增值营销等环节寻求智慧化运营服务，以提高场馆服务效率，增加运营管理效益。三是需要建立数据管理平台，促进数据价值转化。可以通过大数据集成系统，连接硬件、业务、客户等相关数据，并运用人工智能算法得出数据分析结果，提供场馆"会员体系搭建""体育赛事引入"与"体育培训引入"等特色增值服务，以帮助和指导场馆调整运营内容，优化营收结构，扩展服务领域。四是引入"一站式"智能服务，提升顾客消费体验感。例如，通过智慧化系统为进场消费的顾客提供覆盖运动前、中、后期的"消费""交通""社交"等智慧化服务，让顾客拥有更加便捷、舒适、满意的到场体育消费体验，从而提升场馆的服务档次和消费口碑，以此增强体育场馆的运营管理绩效水平。除此之外，西部地区大型公共体育场馆运营管理智慧化转型升级存在着前期投入大、回报周期长、后期改造难等特征，因此在转型升级过程中必须加强规划、控制风险与成本，必须充分尊重西部地区各地体育事业、体育产业发展实际，避免因功利主义而引发的盲目上马行为。

[①] 傅钢强，刘东锋. 我国体育场馆智慧化转型升级：基本内涵、逻辑演进、关键要素和模式探究［J］. 体育学刊，2021，28（1）：79-84.

六、完善内容产业建设，补齐配套设施突出短板

相较于我国东部发达地区，西部地区大型公共体育场馆运营管理效益明显偏低的关键原因之一在于场馆运营内容产业建设滞后，配套设施短板明显，从而导致场馆自身造血能力较弱。要解决这一问题，可以从三个方面着手。

第一，坚持自办活动与引入活动相结合，大力开发体育活动内容。自办活动与引入活动相结合的实质是将市场开发与市场需求相结合。自办活动是指场馆依托自身所具有的场馆设施存量空间、专业人才队伍，依据所在地区的文化特征、政府诉求与群众需求，自主策划与组织的各类体育活动。其开展目的在于充分利用现有场馆资源，丰富场馆运营内容。引入活动则是在大力开发自办活动的基础上，根据场馆设施条件与体育市场需求，吸引具有一定影响力的大型体育赛事活动进驻场馆，在丰富场馆运营内容的同时提高场馆运营管理能力和市场竞争力。[1]

第二，成立专业运作主体，拓展运营内容。专业体育赛事、活动位于内容产业链的中间环节，具有高附加值、高收益率的特点，能够多方面、全方位满足场馆发展进程中的市场与消费需求。因此，弥补西部地区大型公共体育场馆运营能力低下、客户满意度欠佳、服务产品供给渠道不畅、举办大型体育赛事活动能力与运营内容产业能力不足的关键在于成立各类相关专业运作主体，以保障西部地区大型公共体育场馆运营内容产业建设。

第三，打造特色体育文化功能区，补齐配套设施短板。依托场馆空间资源，结合场馆区域文化特征打造场馆特色体育文化功能区，是补齐西部地区大型公共体育场馆配套设施短板的重要手段。[2]对于西部地区大型公共体育场馆而言，现有的场馆存量空间是其最为宝贵的优势资源。因此，场馆运营方可以通过拆除场馆隔离外墙、增添健身休闲设施，使大型公共体育场馆与市民生活

---

[1] 陈元欣，姬庆.大型体育场馆运营内容产业发展现状、问题及对策[J].首都体育学院学报，2015，27（6）：483-487，511.

[2] 梁冬冬，高晓波，王露露，等.大型体育场馆服务中制度失效及对策研究[J].体育学刊，2020，27（1）：60-65.

环境融为一体，增强群众获得感。同时，还应当结合场馆特性、顾客偏好和城市功能分区导向，改造场馆剩余空间，引进商务、休闲、娱乐等多种功能业态，形成独具区域特色的体育文化功能区，以补齐西部地区大型公共体育场馆普遍存在的配套设施不足的短板。

第六章　结论与展望

一、研究结论

首先，本研究在系统总结国内外专家学者研究成果的基础上，从西部地区大型公共体育场馆运营管理绩效评价的基本概念入手，分析了利益相关者理论、公共产品理论、委托代理理论、新公共服务理论，并将上述理论应用于西部地区大型公共体育场馆运营管理绩效评价。其次，通过设计调查问卷、开展专家咨询、进行实地调研，采用规范研究与实证研究相结合的研究范式，对西部地区大型公共体育场馆运营管理绩效水平进行了评价，提炼出了影响西部地区大型公共体育场馆运营管理绩效的主要因素。最后，提出了运营管理绩效提升对策，以期对西部地区大型公共体育场馆运营管理绩效提升起到促进作用。

具体研究结论如下：

（1）建立了西部地区大型公共体育场馆运营管理绩效评价指标体系。从西部地区大型公共体育场馆运营管理客观实际出发，遵循科学、公平、系统、实用的基本原则，构建了包括经济绩效、社会绩效、创新绩效三个维度的西部地区大型公共体育场馆运营管理绩效评价指标体系。然后选用德尔菲法、探索性因子分析、验证性因子分析，验证了该绩效评价指标体系的科学性。

（2）构建了西部地区大型公共体育场馆运营管理绩效评价模型。选用因子分析法与结构方程模型构建了西部地区大型公共体育场馆运营管理绩效评价模型，并对所构建模型进行了拟合、检验与修正，最终获得了一个系统、科学、合理、有效的绩效评价模型。

（3）探究了西部地区 12 个省（自治区、直辖市）大型公共体育场馆运营管理绩效水平现状。在实地调研与专家咨询的基础上，设计了调查问卷，对西部地区大型公共体育场馆运营管理绩效实际情况进行了采集，然后采用所构建绩效评价模型对采集到的样本数据进行分析，摸清了西部地区大型公共体育场馆运营管理绩效水平现状。结果显示，西部地区大型公共体育场馆的经济绩效、社会绩效、创新绩效与总体绩效水平均呈现出从西南地区到内蒙古、广西两自治区再到西北地区递减的趋势。

（4）构建了西部地区大型公共体育场馆运营管理绩效影响因素模型。在理论研究与文献研究的基础上，得出外部环境、内部控制、战略柔性与冗余资源四个因素是西部地区大型公共体育场馆运营管理绩效的影响因素。在对各影响因素进行理论分析之后，提出了相应的研究假设，并构建了研究假设理论模型。然后，通过信效度分析、探索性因子分析、验证性因子分析，验证了绩效影响因素模型的可靠性与科学性。最后，对西部地区大型公共体育场馆运营管理绩效影响因素路径关系模型进行了检验。结果显示，除冗余资源因素未对社会绩效产生显著影响外，其余各影响因素均对经济绩效、社会绩效与创新绩效产生了显著正向影响。

（5）提出了西部地区大型公共体育场馆运营管理绩效提升对策。西部地区大型公共体育场馆运营管理绩效是多因素共同作用的结果。在系统分析了西部地区大型公共体育场馆运营管理绩效水平现状与影响因素的基础上，提出六项对策：重视外部环境影响，形成协调合作动力机制；加强内部控制建设，优化组织运营管理体系；提升战略柔性动能，增强应对变革挑战能力；科学配置冗余资源，提高场馆资源利用效率；加速场馆智慧赋能，推动场馆数字转型升级；完善内容产业建设，补齐配套设施突出短板。

二、研究局限与展望

本研究在借鉴相关基础理论与国内外相关研究成果的基础上，紧扣西部地区大型公共体育场馆运营管理实际，较为深入地讨论了西部地区大型公共体育场馆运营管理绩效评价与影响因素的论题，并提出了绩效提升对策，为丰富西部地区大型公共体育场馆运营管理绩效评价理论研究与推动西部地区大型公共体育场馆运营管理提质增效做出了一定贡献。但是，由于大型公共体育场馆运营管理绩效评价相关研究总体上尚处于起步阶段，以及在研究过程中所面临的时间、空间、技术、经费、个人研究能力等诸多限制，因此，本研究还存在较多可以在未来继续深入探究与完善的问题，主要表现在以下两方面：

（1）运营管理绩效评价指标体系仍可进一步完善。目前关于如何对大型公共体育场馆运营管理进行绩效评价，在学界、业界一直存在争议，且并未有一套得到学界与业界公认的评价标准与评价方法。本研究秉持科学规范的研究设计，严密谨慎的逻辑推理，通过文献研究法、专家咨询法、德尔菲法与因子分析法建立的西部地区大型公共体育场馆运营管理绩效评价指标体系，虽从一般性角度覆盖了西部地区大型公共体育场馆运营管理绩效评价工作的主要方面，但对于西部地区内部具体细分区域的大型公共体育场馆运营管理绩效评价而言没有体现出差异性。另外，由于多种客观因素制约，一些绩效评价指标难以进行量化测量，可能使绩效评价结果的客观性受到影响。基于此，在未来的研究之中，需坚持普遍性与特殊性、共性与个性的辩证统一关系，进一步探索符合西部地区内部不同细分区域特点的大型公共体育场馆运营管理绩效评价指标体系。同时，在绩效评价指标的选取与设计上，应尽可能设计量化指标或采用更加科学客观的方式对定性指标进行测量，以增强绩效评价结果的客观性。

（2）运营管理绩效影响因素研究还需进一步丰富。本研究基于现有研究成果与个人调研，提出并检验了四个绩效影响因素，虽丰富了对西部地区大型公共体育场馆运营管理绩效前因变量的研究，但西部地区大型公共体育场馆运营管理绩效的形成是一个不断演化的复杂命题，涉及的影响因素众多，本研究远不能全面涵盖。因此，在未来的研究当中需要对绩效影响因素进行丰富，进一步探究其他可能存在的影响因素，以及验明在各个绩效影响因素与西部地区大型公共体育场馆运营管理绩效之间是否还可能存在其他中介或调节变量。

参考文献

[1] APSE. Sports and leisure facility management [EB/OL]. (n. d.). https://www.apse.org.uk/apse/index.cfm/performance-networks/information-hub/spring-into-membership-with-our-welcome-and-learning-package/sports-and-leisure-facility-management.

[2] ASHOK A, KUNAL B. Strategic flexibility and firm performance: the case of US based transnational corporations [J]. Global Journal of Flexible Systems Management, 2003, 4 (1): 1-8.

[3] BERNARDIN H J, BEATTY R W. Performance appraisal: assessing human behavior at work [M]. Boston: Kent, 1984.

[4] BUCHANAN J. An economic theory of clubs [J]. Economic New Series, 1965 (32): 1-14.

[5] CABRAL S, SILVA A F. An approach for evaluating the risk management role of governments in public-private partnerships for mega-event stadiums [J]. European Sport Management Quarterly, 2013, 13 (4): 472-490.

[6] CAMPBELL J P. Modeling the performance prediction problem in industrial and organizational psychology [M]. CA: Consulting Psychologists Press, 1990.

[7] CHARKHAM J. Corporate governance: lessons from abroad [J]. European Business Journal, 1992, 2 (4), 8-16.

[8] CLARKSON M E. A stakeholder framework for analyzing and evaluating

corporate social performance [J]. Academy of Management Review, 1995 (20): 92-117.

[9] CROMPTON J. Beyond economic impact: an alternative rationale for the public subsidy of major league sports facilities [J]. Journal of Sport Management, 2004 (18): 40-58.

[10] ENKE S. More on the misuse of mathematics in economics: a rejoinder [J]. Review of Economics and Statistics, 1995 (37): 131-133.

[11] FREEMAN R E. Strategic management: a stakeholder approach [M]. Boston, MA: Cambridge University Press, 1984.

[12] FRIEDMAN M T, MASON D S. A stakeholder approach to understanding economic development decision making: public subsidies for professional sport facilities [J]. Economic Development Quarterly, 2004 (18), 236-253.

[13] GAO X A. Ecological research on application of intelligent management system based on internet of things in university feather stadium in Gansu province [J]. EKOLOJI, 2019, 28 (107): 4819-4825.

[14] GEORGE G. Slack resources and the performance of privately held firms [J]. Academy of Management Journal, 2005, 48 (4): 661-676.

[15] GEORGE J M, JONES G R. Understanding and managing organizational behavior [M]. California: Addison-Wesley Publishing Company, 1996.

[16] GESUALDI C. Sports stadiums as public works projects: how to stop professional teams from exploiting taxpayers [J]. Sports Stadiums as Public Works Projects, 2014 (2): 1-20.

[17] GRATTON C, SHIBLI S, COLEMAN R. Sport and economic regeneration in cities [J]. Urban Studies, 2005 (42): 985-999.

[18] HAIR J F, et al. Multivariate data analysis [M]. 7th ed. Upper Saddle River: Prentice Hall, 2010.

[19] HUMPHREYS B R, ZHOU L. Sports facilities, agglomeration, and public subsidies [J]. Regional Science and Urban Economics, 2015 (54):

60—73.

[20] JENSEN M C, MURPHY K J. CEO incentives—it's not how much you pay, but how [J]. Journal of Applied Corporate Finance, 1990 (3): 36—49.

[21] KIURI M, TELLER J. Olympic stadiums and cultural heritage: on the nature and status of heritage values in large sport facilities [J]. The International Journal of the History of Sport, 2015, 32 (5): 684—704.

[22] KORAN J. Indicators per factor in confirmatory factor analysis: more is not always better [J]. Structural Equation Modeling: A Multidisciplinary Journal, 2020, 27 (5): 765—772.

[23] LIU Y D, TAYLOR P, SHIBLI S. The operational efficiency of English public sport facilities [J]. Managing Leisure, 2007, 12 (4): 251—272.

[24] LIU Y D. Implementing and evaluating performance measurement initiative in public leisure facilities: an action research project [J]. Systemic Practice and Action Research, 2009, 22 (1): 15—30.

[25] MANCHESTER CITY COUNCIL. Best value performance indicators result and targets[EB/OL]. (n. d.). https://www.manchester.gov.uk/download/downloads/id/7395/best_value_performance_indicators_20078.pdf.

[26] MCKENNA E, BEECH N. Human resource management [M]. NJ: Prentice Hall, 1997.

[27] MCQUITTY S. Statistical power and structural equation models in business research [J]. Journal of Business Research, 2004 (57): 175—183.

[28] MIRRLEES J. The optimal structure of incentives and authority within an organization [J]. Bell Journal of Economics, 1976, 7 (1): 105—131.

[29] MITCHELL R K, et al. Toward a theory of stakeholder identification and salience: defining the principle of who and what really counts [J].

The Academy of Management Review, 1997, 22 (4): 853-886.

[30] ROBBINS S P, JUDGE T A. Essentials of organizational behavior [M]. Boston, MA: Pearson, 2012.

[31] ROBINSON L, TAYLOR P. The performance of local authority sports halls and swimming pools in England [J]. Managing Leisure, 2003 (8): 1-16.

[32] ROOT H L. Small countries, big lessons: government and the rise of East Asia [M]. Hongkong: Oxford University Press, 1996.

[33] ROSS S A. The economic theory of agency: the principal's problem [J]. American Economic Review, 1973, 63 (2): 134-139.

[34] ROULT R, LEFEBVRE S. Planning and reconversion of Olympic heritages: The Montreal Olympic stadium [J]. The International Journal of the History of Sport, 2010 (27): 2731-2747.

[35] SAMUELSON P A. The pure theory of public expenditure [J]. The Review of Economics and Statistics, 1954, 36 (4): 387-389.

[36] SANCHEZ R. Strategic flexibility in product competition [J]. Strategic Management Journal, 1995, 6 (1): 135-159.

[37] SEARLE G. Uncertain legacy: Sydney's Olympic stadiums [J]. European Planning Studies, 2010 (2): 845-859.

[38] SIMONS R. Control in an age of empowerment [J]. Harvard Business Review, 1995, 73 (2): 80-88.

[39] TAYLOR P, GODFREY A. Performance measurement in English local authority sports facilities [J]. Public Performance & Management Review, 2003, 26 (3): 251-262.

[40] TOOR, et al. Beyond the 'iron triangle': stakeholder perception of key performance indicators (KPI) for large-scale public sector development projects [J]. International Journal of Project Management, 2010, 28 (3): 228-236.

[41] VANACKER T, COLLEWAERT V, PAELEMAN I. The relationship

between slack resources and the performance of entrepreneurial firms: the role of venture capital and angel investors [J]. Journal of Management Studies, 2013, 50 (6), 1070−1096.

[42] WHEELER D, MARIA S. Including the stakeholders: the business case [J]. Long Range Planning, 1998, 31 (2): 201−210.

[43] WILSON W. Sports infrastructure, legacy and the paradox of the 1984 Olympic Games [J]. The International Journal of the History of Sport, 2015, 32 (1): 144−156.

[44] ZHANG Y, TANG N. Bayesian empirical likelihood estimation of quantile structural equation models [J]. Journal of Systems Science & Complexity, 2017, 30 (1): 122−138.

[45] 阿特金森, 斯蒂格利茨. 公共经济学 [M]. 蔡江南, 等译. 上海: 上海三联书店, 1992.

[46] 奥斯本, 盖布勒. 改革政府 [M]. 周敦仁, 等译. 上海: 上海译文出版社, 2013.

[47] 奥斯特罗姆, 施罗德, 温. 制度激励与可持续发展: 基础设施政策透视 [M]. 毛寿龙, 译. 上海: 上海三联书店, 2000.

[48] 巴玉峰. 我国大型国有体育场馆经营管理现状分析 [J]. 中国经贸导刊, 2010 (10): 72.

[49] 白俊红, 蒋伏心. 协同创新、空间关联与区域创新绩效 [J]. 经济研究, 2015, 50 (7): 174−187.

[50] 白默, 李海英. 企业内部控制质量对上市公司经营绩效影响研究——基于制造业上市公司的实证研究 [J]. 管理世界, 2017 (9): 176−177.

[51] 财政部, 证监会, 审计署, 等. 关于印发《企业内部控制基本规范》的通知[EB/OL]. (2008−10−30)[2023−06−10]. http://www.mof.gov.cn/gkml/caizhengwengao/caizhengbuwengao2008/caizhengbuwengao20087/200810/t20081030_86252.htm.

[52] 蔡永红, 林崇德. 绩效评估研究的现状及其反思 [J]. 北京师范大学学报: 人文社会科学版, 2001 (4): 119−126.

[53] 柴王军,沈克印,李安娜. 国家体育治理的空间逻辑：公共体育场馆法人治理类型、评价与路径[J]. 武汉体育学院学报,2019,53(7)：43-50.

[54] 陈国权,刘薇. 企业组织内部学习、外部学习及其协同作用对组织绩效的影响——内部结构和外部环境的调节作用研究[J]. 中国管理科学,2017,25(5)：175-186.

[55] 陈其林,韩晓婷. 准公共产品的性质：定义、分类依据及其类别[J]. 经济学家,2010(7)：13-21.

[56] 陈琦,岳冀阳. 体育公共服务评价内容理论模型的建构[J]. 体育学刊,2016,23(2)：18-21.

[57] 陈文倩. 我国大型公共体育场馆体制改革模式研究[J]. 西安体育学院学报,2016,33(3)：295-298.

[58] 陈小安. 我国准公共产品垄断与竞争性供给改革[J]. 经济体制改革,2006(5)：20-24.

[59] 陈郁. 所有权、控制权与激励：代理经济学文选[M]. 上海：上海人民出版社,2007.

[60] 陈元欣,姬庆. 大型体育场馆运营内容产业发展现状、问题及对策[J]. 首都体育学院学报,2015,27(6)：483-487,511.

[61] 陈元欣,王建. 体育场馆不同运营模式的税收筹划研究[J]. 天津体育学院学报,2013,28(3)：208-212.

[62] 陈元欣,王健,张洪武. 后奥运时期大型体育场馆运营现状、问题及其发展研究[J]. 北京体育大学学报,2012,35(8)：26-30,35.

[63] 陈元欣,王健. 大型体育场（馆）运营管理企业化改革研究[J]. 体育科学,2015,35(10)：17-24.

[64] 陈元欣,王健. 我国大型体育场馆赛后运营现状、制约因素与对策[J]. 上海体育学院学报 2010,34(5)：17-21,63.

[65] 陈元欣,王健. 我国公共体育场（馆）发展中存在的问题、未来趋势、域外经验与发展对策研究[J]. 体育科学,2013,33(10)：3-13.

[66] 陈元欣,张崇光,王健. 大型体育赛事场馆设施的民营化探析[J]. 上海

体育学院学报，2008，33（1）：26-30.

[67] 陈元欣. 综合性大型体育赛事场馆设施供给研究［D］. 武汉：华中师范大学，2008.

[68] 陈振明，刘祺，蔡辉明，等. 公共服务绩效评价的指标体系建构与应用分析——基于厦门市的实证研究［J］. 理论探讨，2009（5）：130-134.

[69] 陈振明，孟华，邓剑伟，等. 公共服务发展的质量评价与持续改进——厦门市的案例研究［J］. 东南学术，2011（2）：95-107.

[70] 程浩，管磊. 对公共产品理论的认识［J］. 河北经贸大学学报，2002，23（6）：10-17.

[71] 程鹏，栾峰. 公共基础设施服务水平主客观测度与发展策略研究——基于16个特大城市的实证分析［J］. 城市发展研究，2016，23（11）：117-124.

[72] 戴中亮. 委托代理理论评述［J］. 商业研究，2004（19）：98-100.

[73] 德斯勒. 人力资源管理［M］. 吴雯芳，刘昕，译. 9版. 北京：中国人民大学出版社，2005.

[74] 登哈特 J V，登哈特 R B. 新公共服务：服务而不是掌舵［M］. 丁煌，译. 3版. 北京：中国人民大学出版社，2010.

[75] 董红刚，孙晋海. 大型体育场馆治理模式风险评估［J］. 体育与科学，2020，41（5）：106-113.

[76] 杜朝辉. 大型体育场馆运营绩效评价体系研究［J］. 成都体育学院学报，2015，41（5）：39-43.

[77] 杜泽超. 基于PPP视角的中国大型体育场馆建管体系研究［D］. 天津：天津大学，2011.

[78] 范志刚. 基于企业网络的战略柔性与企业创新绩效提升机制研究［D］. 杭州：浙江大学，2010.

[79] 方红星，金玉娜. 公司治理、内部控制与非效率投资：理论分析与经验证据［J］. 会计研究，2013（7）：63-69，97.

[80] 方振邦. 战略性绩效管理［M］. 5版. 北京：中国人民大学出版社，2018.

[81] 冯丽艳，肖翔，程小可. 披露制度、社会绩效与社会责任信息披露 [J]. 现代财经：天津财经大学学报，2016, 36（2）：39-52.

[82] 冯维胜，曹可强. 政府购买公共体育服务的评估实践与反思 [J]. 首都体育学院学报，2016, 28（6）：484-487, 492.

[83] 冯振旗. 基于平衡记分卡的体育场（馆）运营绩效评价研究 [J]. 中国体育科技，2011, 47（3）：119-125.

[84] 付冰，王家宏. 基于CAF的政府公共体育服务标准运行管理研究 [J]. 体育科学，2017, 37（9）：16-27.

[85] 付俊文，赵红. 利益相关者理论综述 [J]. 首都经济贸易大学学报，2006（2）：16-21.

[86] 傅钢强，刘东锋. 我国体育场馆智慧化转型升级：基本内涵、逻辑演进、关键要素和模式探究 [J]. 体育学刊，2021, 28（1）：79-84.

[87] 高雪莲. 平衡记分卡法在公共体育场馆战略管理和绩效评价中的应用 [J]. 天津体育学院学报，2006（3）：225-228.

[88] 高扬. 大型体育场馆设施产业化运作研究 [J]. 商场现代化，2007（22）：349-350.

[89] 高扬. 我国大型体育场馆经营管理模式的选择 [J]. 商场现代化，2008（33）：77-78.

[90] 葛玉辉，陈悦明. 绩效管理实务 [M]. 北京：清华大学出版社，2008.

[91] 耿宝权. 大型体育场馆全寿命期管理研究 [D]. 北京：北京交通大学，2014.

[92] 耿宝权. 基于平衡计分卡的大型体育场馆运营绩效评价研究 [J]. 北京体育大学学报，2012, 35（12）：1-6.

[93] 贡文伟，袁煜，朱雪春. 联盟网络、探索式创新与企业绩效——基于冗余资源的调节作用 [J]. 软科学，2020, 34（7）：114-120.

[94] 贡文伟，张蓉. 外部环境与逆向供应链管理实施、组织绩效关系研究 [J]. 工业工程与管理，2013, 18（5）：30-36, 40.

[95] 郭俊华. 英国政府综合绩效评估的经验及其启示 [J]. 当代财经，2007（9）：113-117.

[96] 国家发展改革委，体育总局，教育部，等. 关于印发全国足球场地设施建设规划（2016—2020 年）的通知[EB/OL]. (2016－05－09)[2023－05－10]. http：//www. sport. gov. cn/n10503/c723584/content. html.

[97] 国家发展改革委，体育总局. 关于印发"十三五"公共体育普及工程实施方案的通知[EB/OL]. (2019－09－29)[2023－04－21]. https：//www. gov. cn/zhengce/zhengceku/2019－09－29/content_5434892. htm.

[98] 国家体育总局体育文化发展中心. 中国体育年鉴（2014）[M]. 北京：人民体育年鉴出版社，2014.

[99] 国家体育总局体育文化发展中心. 中国体育年鉴（2018）[M]. 北京：人民体育年鉴出版社，2018.

[100] 国家体育总局体育文化发展中心. 中国体育年鉴（2019）[M]. 北京：人民体育年鉴出版社，2019.

[101] 国家统计局. 中华人民共和国 2019 年国民经济和社会发展统计公报[R/OL]. (2020－02－28)[2023－04－20]. http：//www. stats. gov. cn/sj/zxfb/202302/t20230203_1900640. html.

[102] 国务院. 关于加快发展体育产业促进体育消费的若干意见[EB/OL]. (2014－10－20)[2023－05－18]. https：//www. gov. cn/zhengce/content/2014－10/20/content_9152. htm.

[103] 国务院办公厅. 关于促进全民健身和体育消费推动体育产业高质量发展的意见[EB/OL]. (2019－09－04)[2023－03－15]. https：//www. sport. org. cn/search/system/xgwj/2020/0221/310881. html.

[104] 国务院办公厅. 国务院办公厅关于加快发展流通促进商业消费的意见[EB/OL]. (2019－08－27)[2023－04－15]. https：//www. gov. cn/zhengce/content/2019－08/27/content_5424989. htm.

[105] 国务院办公厅. 体育强国建设纲要[EB/OL]. (2019－09－02)[2023－04－15]. https：//www. gov. cn/zhengce/content/2019－09/02/content_5426485. htm.

[106] 哈佛商学院出版公司. 绩效管理：员工效能的测评与提高[M]. 赵恒，杨勇，译. 北京：商务印书馆，2008.

[107] 贺成冲. COSO报告视角下体育中心内部控制流程设计——以成都市体育中心为例[J]. 财会通讯，2009（26）：92-93.

[108] 胡丹，胡祎蝶，梁樑. 冗余资源、财政压力与企业社会责任表现[J]. 华东经济管理，2019，33（6）：147-154.

[109] 胡芳. 大型公共工程项目绩效评价研究[D]. 长沙：湖南大学，2012.

[110] 霍夫斯坦德. 跨越合作的障碍：多元文化与管理[M]. 尹毅夫，等译. 北京：科学出版社，1996.

[111] 贾生华，陈宏辉. 利益相关者的界定方法述评[J]. 外国经济与管理，2002（5）：13-18.

[112] 姜爱华，杨琼. 政府购买公共服务"全过程"绩效评价探究[J]. 中央财经大学学报，2020（3）：3-9，43.

[113] 姜晓萍，郭金云. 基于价值取向的公共服务绩效评价体系研究[J]. 行政论坛，2013，20（6）：8-13.

[114] 蒋建梅. 政府公共文化服务体系绩效评价研究[J]. 上海行政学院学报，2008（4）：60-65.

[115] 蒋卫平，刘黛蒂. 研发投入、冗余资源与企业绩效的关系研究[J]. 财经理论与实践，2016，37（5）：57-62.

[116] 金银哲，李柏，夏晚莹. 新时代体育场馆困境及发展路径研究[J]. 沈阳体育学院学报，2019，38（6）：55-61.

[117] 兰燕，陈刚. 我国体育服务综合体困境与发展对策[J]. 体育文化导刊，2020（3）：92-98，110.

[118] 雷厉，肖淑红. 付群等. 我国大型体育场馆运营管理：模式选择与路径安排[J]. 北京体育大学学报，2013，36（10）：10-15.

[119] 李安娜，闫思宇，张馨月. 我国大型体育场馆公共服务供给侧改革研究[J]. 理论界，2019（2）：55-60.

[120] 李安娜. 我国大型公共体育场馆产权制度改革研究[D]. 北京：北京体育大学，2015.

[121] 李桦，彭思喜. 战略柔性、双元性创新和企业绩效[J]. 管理学报，2011，8（11）：1604-1609，1668.

[122] 李剑力. 探索性创新、开发性创新与企业绩效关系研究——基于冗余资源调节效应的实证分析 [J]. 科学学研究, 2009, 27 (9): 1418-1427.

[123] 李金珊, 徐越. 基层公共文化基础设施政策绩效及其制度因素探究 [J]. 东北大学学报: 社会科学版, 2014, 16 (5): 511-516, 538.

[124] 李林蔓. 分层抽样下样本量的分配方法研究 [J]. 统计与决策, 2015 (19): 18-20.

[125] 李灵芝, 袁竞峰, 张磊. 城市大型公共服务设施运营韧性的理论阐释与案例解析 [J]. 土木工程与管理学报, 2020, 37 (1): 93-100, 105.

[126] 李明. 我国公共体育场馆的资产性质及其改革 [J]. 天津体育学院学报, 2003, 18 (2): 56-58.

[127] 李卫宁, 亢永, 吕源. 动态环境下TMT团队氛围、战略柔性与企业绩效关系研究 [J]. 管理学报, 2016, 13 (2): 195-202.

[128] 李阳. 公共产品概念和本质研究综述 [J]. 生产力研究, 2010 (4): 30-32, 35.

[129] 李正图. 新制度经济学委托代理理论视野的拓展 [J]. 经济理论与经济管理, 2020 (6): 21-38.

[130] 李治. 从新公共管理到新公共服务的理论发展 [J]. 湖北社会科学, 2008 (5): 28-32.

[131] 梁冬冬, 高晓波, 王露露, 等. 大型体育场馆服务中制度失效及对策研究 [J]. 体育学刊, 2020, 27 (1): 60-65.

[132] 廖中举, 黄超, 姚春序. 组织资源冗余: 概念、测量、成因与作用 [J]. 外国经济与管理, 2016, 38 (10): 49-59.

[133] 林丹, 刘雪凯, 水振炜. 我国中小城镇公共体育设施利用效率评价体系构建——以浙江省为例 [J]. 广州体育学院学报, 2020, 40 (5): 24-30.

[134] 林海明. 因子分析模型的改进与应用 [J]. 数理统计与管理, 2009, 28 (6): 998-1012.

[135] 林琳, 许红峰, 邱冠寰. 厦门市公共体育场馆管理运营现状与对策研究

[J]．首都体育学院学报，2008，20（5）：53-56，60．

[136] 林亚清，赵曙明．构建高层管理团队社会网络的人力资源实践、战略柔性与企业绩效——环境不确定性的调节作用［J］．南开管理评论，2013，16（2）：4-15，35．

[137] 刘杰．大型体育场馆市场化运营的体制性障碍研究［J］．武汉体育学院学报，2011，45（6）：39-44．

[138] 刘军，杨浩昌，张三峰．中国基本公共服务供给的决定因素研究［J］．南京社会科学，2015（5）：33-39．

[139] 刘俊海．公司的社会责任［M］．北京：法律出版社，1999．

[140] 刘明珠，赵自强．证券公司商业模式、外部环境与绩效——基于结构方程模型实证分析［J］．南京师范大学学报：工程技术版，2020，20（1）：84-92．

[141] 刘素仙．政府购买公共服务绩效评价的价值维度与关键要素［J］．经济问题，2017（1）：17-20．

[142] 刘伟涛，顾鸿，李春洪．基于德尔菲法的专家评估方法［J］．计算机工程，2011，37（S1）：189-191，204．

[143] 刘英，高扬，王少元．5·12地震灾后学校体育设施重建及利用研究［J］．成都体育学院学报，2016，42（5）：65-70．

[144] 刘有贵，蒋年云．委托代理理论评述［J］．学术界，2006（1）：69-78．

[145] 罗蕾，刘凤朝，张淑慧．知识搜索节奏、知识重用轨迹与企业创新绩效［J］．科学学研究，2020，38（9）：1719-1728．

[146] 马桂芬．股权激励、内部控制有效性与企业创新绩效［J］．会计之友，2020（11）：59-65．

[147] 马丽，赵蓓．战略柔性与企业绩效：创业导向和市场竞争强度的作用［J］．当代财经，2018（10）：80-89．

[148] 马庆国．管理统计［M］．北京：科学出版社，2016．

[149] 马跃如，蒋珊珊．团队认知多样性、知识共享与团队创新绩效——基于包容性领导的调节效应检验［J］．湖南大学学报：社会科学版，2020，34（5）：45-51．

[150] 孟祥波. 我国公共体育场地设施特许经营: 理论基础、实践模式与规范路径 [J]. 南京体育学院学报: 社会科学版, 2016, 30 (4): 73-76, 81.

[151] 苗雨君, 朱丹. 企业内部控制、财务绩效与社会责任——来自信息传输、软件和信息技术服务业上市公司的实证研究 [J]. 会计之友, 2017 (12): 50-56.

[152] 缪建奇, 胡震宇. 我国体育场馆赛后利用现状及对策——兼析北京奥运会场馆赛后利用方案 [J]. 体育文化导刊, 2008 (8): 13-16, 23.

[153] 庞博. 内部控制、非经常性损益与企业绩效 [J]. 财会通讯, 2020 (14): 57-59, 68.

[154] 钱锡红, 杨永福, 徐万里. 企业网络位置、吸收能力与创新绩效——一个交互效应模型 [J]. 管理世界, 2010 (5): 118-129.

[155] 乔晗, 张靖, 郭盛, 等. 银行外部环境、商业模式与绩效间关系研究——基于国内16家上市商业银行的数据 [J]. 管理评论, 2017, 29 (6): 252-263.

[156] 冉斌. 服务企业绩效评估体系研究 [D]. 长春: 吉林大学, 2008.

[157] 任海云. 利益相关者理论研究现状综述 [J]. 商业研究, 2007 (2): 30-32.

[158] 任相伟, 孙丽文. 动态能力理论视角下战略柔性对企业绩效的影响研究——差异化动态环境规制强度的调节效应 [J]. 技术经济, 2020, 39 (1): 25-33.

[159] 萨伊. 政治经济学概论: 财富的生产、分配和消费 [M]. 陈福生, 陈振骅, 译. 上海: 商务印书馆, 2017.

[160] 史蒂文森 W J. 运营管理 [M]. 张群, 张杰, 马风才, 译. 北京: 机械工业出版社, 2019.

[161] 史蒂文斯 J B. 集体选择经济学 [M]. 杨晓维, 等译. 上海: 上海人民出版社, 1999.

[162] 史小强. 地方政府全民健身公共服务绩效: 评估模型构建、实证分析与提升路径 [D]. 上海: 上海体育学院, 2017.

[163] 舒银燕，范亚舟. 优化我国基本公共服务绩效评价的思路及其制度支持[J]. 地方财政研究，2013（6）：21-25.

[164] 斯密. 国民财富的性质和其原因的研究：上卷[M]. 郭大力，王亚南，译. 北京：商务印书馆，2014.

[165] 宋丽锋，孙钰，崔寅. 城市公共基础设施政府供给绩效提升研究——以我国七个超大城市为例[J]. 财会月刊，2019（4）：120-126.

[166] 宋娜梅，罗彦平，郑丽. 体育公共服务绩效评价：指标体系构建与评分计算方法[J]. 体育与科学，2012，33（5）：30-34.

[167] 苏剑. 内部资本市场效率、内部控制质量与企业绩效[J]. 财会通讯，2020（5）：76-79.

[168] 孙丽文，任相伟，李翼凡. 战略柔性、绿色创新与企业绩效——动态环境规制下的交互和调节效应模型[J]. 科技进步与对策，2019，36（22）：82-91.

[169] 孙璐，吴瑞明，李韵. 公共服务绩效评价[J]. 统计与决策，2007（24）：65-67.

[170] 孙晓军，周宗奎. 探索性因子分析及其在应用中存在的主要问题[J]. 心理科学，2005（6）：162-164，170.

[171] 孙旭，谢富纪，陈宏权，等. 开放式创新广度、外部环境对企业创新绩效的影响[J]. 中国科技论坛，2015（10）：80-85.

[172] 孙怡帆，杜子芳，邢景丽. 基本公共服务绩效评价指标体系的构建[J]. 统计与决策，2016（5）：43-45.

[173] 谭建湘，周良君，陈华. 国内公共体育场馆运营管理研究述评[J]. 体育学刊，2013，20（5）：43-48.

[174] 谭建湘，周良君. 我国公共体育场馆企业化改革的基本特征与制度设想[Z]. 国家体育总局政策法规司，2009.

[175] 滕苗苗，陈元欣，何于苗，等. 我国城市体育服务综合体的发展：进程·困境·对策[J]. 首都体育学院学报，2018，30（2）：113-116.

[176] 体育总局，国家发展改革委，公安部，等. 关于加强大型体育场馆运营管理改革创新 提高公共服务水平的意见[EB/OL].（2013-10-28）

［2023－05－15］. https：//www. sport. org. cn/search/system/gfxwj/tyjj/2018/1115/193609. html.

［177］ 体育总局. 2019 年全国体育场地统计调查数据［EB/OL］.（2020－11－02）［2023－01－30］. https：//www. sport. gov. cn/n315/n329/c968164/content. html.

［178］ 体育总局. 大型体育场馆免费低收费开放补助资金管理办法［EB/OL］.（2017－01－12）［2023－04－20］. https：//www. sport. gov. cn/n315/n331/n403/n1957/c785274/content. html.

［179］ 体育总局. 第六次全国体育场地普查数据公报［R/OL］.（2014－12－26）［2023－04－18］. https：//www. sport. gov. cn/n4/n210/n218/c328625/content. html.

［180］ 体育总局. 体育场馆运营管理办法［EB/OL］.（2015－01－15）［2023－05－20］. https：//www. sport. gov. cn/n315/n331/n403/n1957/c784228/content. html.

［181］ 体育总局. 体育发展"十三五"规划［EB/OL］.（2016－05－05）［2023－05－18］. https：//www. sport. gov. cn/n10503/c722960/content. html.

［182］ 田利军，陈甜甜. 企业内部控制、社会责任与财务绩效［J］. 重庆大学学报：社会科学版，2015，21（2）：75－82.

［183］ 汪一鸣，汤际澜，楚英兰. 英国地方公共体育设施管理发展现状及启示［J］. 西安体育学院报，2012，29（4）：450－452，485.

［184］ 汪勇杰，陈通. 公共文化服务设施投资决策机理及政府引导［J］. 系统工程理论与实践，2015，35（9）：2288－2295.

［185］ 王冲. 公共投资工程绩效评价研究——基于低碳经济模式［J］. 企业经济，2014（9）：147－150.

［186］ 王继生，丁传伟，孙泽. 新时代背景下体育场馆深化改革的目标及路径［J］. 体育文化导刊，2019（8）：72－77.

［187］ 王建民. 生产运作管理［M］. 北京：北京大学出版社，1990.

［188］ 王进，颜争鸣，潘世华，等. 大型体育场（馆）运营综合评价指标体系的研究及运用［J］. 体育科学，2013，33（10）：35－44.

[189] 王菁, 贾洪洲, 陈琦, 等. 基于 DEA 模型的中国体育公共服务绩效综合评价研究 [J]. 体育学刊, 2020, 27 (4): 67-70.

[190] 王菁. 广州市公共体育场馆的经营管理现状及发展对策研究 [J]. 广州体育学院学报, 2012, 32 (4): 54-58.

[191] 王景波, 赵顺来, 魏丕来, 等. 地方政府体育公共服务绩效评估指标体系的研究 [J]. 沈阳体育学院学报, 2011, 30 (2): 1-3, 7.

[192] 王丽英, 尹丹丽, 刘炳胜. 城市基础设施可持续运营的管理维护策略探析 [J]. 现代财经: 天津财经大学学报, 2009, 29 (11): 63-66.

[193] 王梦阳. 政府公共体育服务满意度绩效评估指标的构建——以上海市为例 [J]. 体育科学, 2013, 33 (10): 63-70.

[194] 王倩, 曹玉昆. 绩效期望反馈、冗余资源与战略变革 [J]. 财经问题研究, 2020 (2): 104-113.

[195] 王铁男, 陈涛, 贾镕霞. 战略柔性对企业绩效影响的实证研究 [J]. 管理学报, 2011, 8 (3): 388-395.

[196] 王仙雅, 林盛, 陈立芸等. 组织氛围、隐性知识共享行为与员工创新绩效关系的实证研究 [J]. 软科学, 2014, 28 (5): 43-47.

[197] 王晓东, 王旭冉, 张路瑶, 等. 公共服务绩效评价体系构建与应用研究——以河北省为例 [J]. 会计之友, 2016 (8): 67-71.

[198] 王则兴, 杨广辉. 构建我国大中型公共体育场馆管理运营模式的研究 [J]. 商场现代化, 2009 (10): 41-42.

[199] 王兆红, 詹伟. 奥运场馆绩效评估指标体系研究 [J]. 统计与决策, 2008 (5): 80-82.

[200] 王子朴, 梁金辉. "鸟巢" 赛后 4 年运营研究: 现状、问题、路径 [J]. 天津体育学院学报, 2012, 27 (6): 467-472.

[201] 韦伟, 王家宏. 我国公共体育服务绩效评价体系构建及实证研究 [J]. 体育科学, 2015, 35 (7): 35-47.

[202] 吴枫. 简明中国古籍辞典 [M]. 长春: 吉林文史出版社, 1987.

[203] 吴立川, 李安娜. 我国体育场馆公共服务绩效评估指标体系的构建与实证研究 [J]. 吉林体育学院学报, 2017, 33 (1): 34-38.

[204] 吴琴，张骁，王乾，等. 创业导向、战略柔性及国际化程度影响企业绩效的组态分析 [J]. 管理学报，2019，16（11）：1632-1639.

[205] 伍香洲. 2020—2025 年中国体育场馆行业运营模式与发展前景分析报告 [R]. 深圳：前瞻产业研究院，2020.

[206] 西尔特，马奇. 企业行为理论 [M]. 李强，译. 北京：中国人民大学出版社，2008.

[207] 向荣，贾生华. 对代理理论的综述与反思 [J]. 商业经济与管理，2001（8）：37-40.

[208] 肖淑红. 体育服务运营管理 [M]. 北京：首都经济贸易大学出版社，2015.

[209] 肖蕴轩. 预见 2019：《2019 年中国体育馆产业全景图谱》（附产业图谱、场馆数量、地区分布）[EB/OL]. (2019-06-07)[2023-05-10]. https://www.qianzhan.com/analyst/detail/220/190605-f6f6ecab.html.

[210] 熊胜绪. 企业动态能力理论研究评述 [J]. 经济学动态，2008，11（7）：101-106.

[211] 徐文强，陈元欣，张洪武，等. 我国公共体育场馆经营现状及管理体制改革研究 [J]. 成都体育学院学报，2007，33（3）：1-6.

[212] 许月云，陈霞明. 区域体育场馆运营现状与发展对策研究——以侨乡泉州为例 [J]. 山东体育学院学报，2017，33（2）：46-51.

[213] 杨光. 省际间基本公共服务供给均等化绩效评价 [J]. 财经问题研究，2015（1）：111-116.

[214] 杨莉，张雪磊. 长三角地区环境基本公共服务绩效评价及影响因素研究 [J]. 现代经济探讨，2019（11）：21-29，49.

[215] 杨利云. 多元化经营、冗余资源吸收能力与工业企业财务绩效 [J]. 财会通讯，2019（27）：87-90.

[216] 杨应威. 文化体育企业财务风险问题研究 [J]. 财会通讯，2014（17）：122-124.

[217] 姚艳虹，衡元元. 知识员工创新绩效的结构及测度研究 [J]. 管理学报，2013，10（1）：97-102.

[218] 叶晓甡，安妮，陈娟. 体育场馆 PPP 项目运营绩效评价指标体系研究 [J]. 项目管理技术，2019，17（5）：14-21.

[219] 殷飞. 试论城市大型体育设施公共产品性质及赛后运营政策设计 [J]. 南京体育学院学报：社会科学版，2009，23（3）：50-53.

[220] 游战澜. 大型体育场馆绩效管理指标体系构建研究 [J]. 武汉体育学院学报，2010，44（2）：37-41.

[221] 于敬凤，陈元欣. 大型赛事体育场馆设施运营过程中存在的问题及发展策略研究 [J]. 南京体育学院学报：社会科学版，2008（4）：78-81.

[222] 于晓宇，陈颖颖，蔺楠，等. 冗余资源、创业拼凑和企业绩效 [J]. 东南大学学报：哲学社会科学版，2017，19（4）：52-62，147.

[223] 余道明. 体育现代化理论及其指标体系研究——以首都体育现代化研究为例 [D]. 福州：福建师范大学，2007.

[224] 袁春梅. 浅谈公共教育设施绩效审计指标体系构建 [J]. 财会通讯，2011（16）：89-90.

[225] 袁新锋，张瑞林，王飞. 公共体育设施绩效评估的英国经验与中国镜鉴 [J]. 北京体育大学学报，2019，42（4）：33-41.

[226] 曾庆贺，陈元欣，王健. 大型赛事场馆赛后利用现状及制约因素分析 [J]. 西安体育学院学报，2008（3）：16-19.

[227] 湛东升，张文忠，湛丽，等. 城市公共服务设施配置研究进展及趋向 [J]. 地理科学进展，2019，38（4）：506-519.

[228] 湛正群，杨华. 外部环境、内部能力与高新技术企业创新绩效关系实证研究 [J]. 科技管理研究，2016，36（15）：136-142.

[229] 张大超，李敏. 我国公共体育设施发展水平评价指标体系研究 [J]. 体育科学，2013，33（4）：3-23.

[230] 张凤彪，王松. 公共体育服务绩效评价"四位一体"解构 [J]. 西安体育学院学报，2018，35（6）：663-670.

[231] 张国平. 我国城市公共设施管理体制与机制的创新——基于国外城市公共设施管理模式的比较 [J]. 晋阳学刊，2011（2）：32-35.

[232] 张红学. 我国体育场馆经营绩效评估实证研究 [J]. 沈阳体育学院学报，

2011，30（3）：30-34.

[233] 张宏. 我国公共体育场馆改制的模式、操作流程和关键点［J］. 广州体育学院学报，2011，31（2）：10-14.

[234] 张宏. 我国体育场馆经营管理模式的现状及发展趋势［J］. 西安体育学院学报，2009，26（4）：413-415，460.

[235] 张娟，黄志忠. 内部控制、技术创新和公司业绩——基于我国制造业上市公司的实证分析［J］. 经济管理，2016，38（9）：120-134.

[236] 张庆垒，施建军，刘春林. 技术多元化、冗余资源与企业绩效关系研究［J］. 科研管理，2015，36（11）：21-28.

[237] 张维迎. 企业的企业家—契约理论［M］. 上海：上海人民出版社，2015.

[238] 张晓敏，陈通. 公共文化设施PPP建设运营模式研究［J］. 管理现代化，2015，35（1）：118-120.

[239] 张学研，楚继军. 政府购买公共体育服务绩效评估指标体系的研究［J］. 广州体育学院学报，2015，35（5）：4-8.

[240] 张一驰. 人力资源管理［M］. 北京：北京大学出版社，1999.

[241] 张振刚，田帅. 城市运行视角下的体育场馆赛后利用系统的构建——以第16届广州亚运会亚运场馆赛后利用为例［J］. 广东社会科学，2011（5）：71-77.

[242] 张志超，倪志良. 现代财政学原理［M］. 3版. 天津：南开大学出版社，2015.

[243] 赵聂. 基于DEA模型的公共体育服务绩效评价研究［J］. 成都体育学院学报，2008（6）：8-10，14.

[244] 赵铁牛，王泓午，刘桂芬. 验证性因子分析及应用［J］. 中国卫生统计，2010，27（6）：608-609.

[245] 郑旗，张鹏. 县域公共体育设施服务质量评价与改进：基于IPA分析与实证［J］. 上海体育学院学报，2015，39（6）：11-15，27.

[246] 郑志强，陶长琪，彭莉，等. 我国城市大型体育公共设施供给问题研究——基于非对称信息委托代理模型的分析［J］. 北京体育大学学报，2012，35（7）：1-5.

[247] 中共中央, 国务院. 中共中央 国务院关于新时代推进西部大开发形成新格局的指导意见[EB/OL]. (2020-05-17)[2023-06-30]. https://www.gov.cn/zhengce/2020-05/17/content_5512456.htm.

[248] 中华人民共和国国家统计局. 中国统计年鉴（2014）[M]. 北京：中国统计出版社，2014.

[249] 中华人民共和国国家统计局. 中国统计年鉴（2019）[M]. 北京：中国统计出版社，2019.

[250] 中华人民共和国国家统计局. 中国统计年鉴（2020）[M]. 北京：中国统计出版社，2020.

[251] 钟竞, 陈松. 外部环境、创新平衡性与组织绩效的实证研究[J]. 科学学与科学技术管理，2007（5）：67-71.

[252] 钟天朗, 于洁. 上海社区公共运动场运作管理模式探析[J]. 上海体育学院学报，2006（5）：14-19.

[253] 周良君, 谭建湘. 深圳市大型公共体育场馆管理体制改革的现状与对策[J]. 上海体育学院学报，2009，33（2）：17-20.

[254] 周薇薇. 政府场馆运营管理绩效评价指标体系研究[J]. 南方经济，2014（4）：99-108.

[255] 朱丹, 周守华. 战略变革、内部控制与企业绩效[J]. 中央财经大学学报，2018（2）：53-64.

[256] 朱德胜, 张菲菲. 内部控制有效性、股权制衡与公司绩效[J]. 会计之友，2016（2）：94-100.

[257] 朱满良, 高轩. 从新公共管理到新公共服务：缘起、争辩及启示[J]. 中共中央党校学报，2010，14（4）：64-67.

[258] 诸大建, 王欢明, 刘淑妍. 基于PSR模型的公共服务治理系统性研究[J]. 经济与管理研究，2010（4）：75-82.

[259] 庄彩云, 陈国宏, 梁娟, 等. 互联网能力、双元战略柔性与知识创造绩效[J]. 科学学研究，2020，38（10）：1837-1846，1910.

[260] 庄永达, 陆亨伯. 我国公共体育场馆民营化路径的障碍与发展战略研究[J]. 北京体育大学学报，2012，35（3）：27-31.